中國文化

언어로 이해하는

# 중국문화(I)

신문권·신영대 공저

백산출판사

# 언어로 이해하는 중국문화(1)

# 차 | 례

Chapter Ⅲ



Chapter Ⅳ



■ 부록

# 머 | 리 | 말

우리는 언어를 통해서 우리와 함께 세상을 살아가고 있는 지구촌 곳곳의 여러 국가 및 민족 마음 속 깊은 곳에 존재하는 사물 및 현상에 대한 의식형태를 파악해 볼 수 있다.

통계에 의하면 현재까지 지구상에 존재하는 언어는 약 6,000여 종에 이른다고 한다. 이처럼 지구상에 무수히 존재하는 언어들에는 공통적인 부분들이 있다. 언어의 유형학적 특징들로 보자면 우선 이들 6,000여 종의 언어는 크게 교착어, 굴절어, 고립어의 세 가지로 분류해 볼 수 있다.

이들을 다시 일반적인 통사론으로 따져보면 명사, 동사, 형용사, 부사 등의 품사로 나눠볼 수 있다. 명사는 사물의 개념을 정의해 놓은 명제이고 동사는 사물의 동작이나 행동과 관련되어 있으며 형용사는 사물의 성질 및 상태와 관련되어 있다. 부사는 일반적으로 동사 및 형용사를 수식하는 역할을 한다. 이처럼 품사로 분류되는 명사, 동사, 형용사 등 개념명제들은 문장 속에서 저마다의 기능을 발휘한다. 또한 이러한 기능들은 언어마다 각기 다른 양상으로 화용론적 특징들을 체현하고 있다.

언어 현상은 또한 해당 국가 또는 민족들의 정신세계를 반영한다. 따라서 우리가 지구촌 여러 국가 또는 민족들이 보유하고 있는 언어(외국어)를 학습할 경우에 그들의 정신세계를 파악하는 데 어려움을 느끼게 되는 것이다. 그 중에서도 가장 어려운 점은 단어 하나하나의 문화적 요소를 파악하는 것이다. 한 국가 또는 민족의 언어 속에는 그 국가 또는 민족 사람들의 정신세계가 언어를 통해 투영되고 있다. 하나의 단어를 여러 나라 언어로 번역하는 과정은 말처럼 그리 간단한 일이 아니다. 그래서 어떤 이들은 번역을 제2의 창작이라고 말한다.

하나의 예를 들어보자. 한자는 중국 사람들의 문자이다. 하지만 우리들도 한자어를 사용하고 있다. 그렇다면 우리나라 사람들이 사용하는 한자어가 중국인들이 사용하는 한자와 같다고 생각하면 큰 오산이다. 일례로 우리말에서 '바쁘다'라는 형용사는 중국어에서는 '忙(máng)'이라고 한다. 하지만 중국어의 '忙'은 우리말에는 없는 '紧(jǐn)'의 의미를 포함하는 등 일대일로 대응하지 않는다. 이처럼 용언 활용의 현격한 차이는 물론이거니와 부사와 같은 기능어의 사용에 있어서는 완전히 다른 양상을 보이기도 한다.

정신세계를 반영하는 것이 언어라고 했는데 그렇다면 정신세계의 밑바탕에는 무엇이 있을까? 어떤 요소가 사람들의 이러한 정신세계를 지배하고 있는 것일까? 같은 언어권에 속해 있는 사람들의 정신세계는 그들을 지배하고 있는 삶의 방식들이 존재한다. 우리는 이것들을 뭉뚱그려서 말하기를 문화(文化; wen hua)라고 일컫는다. 즉, 삶의 방식이 곧 문화가 되는 것이다. 이렇듯 문화란 동일 생활권에 속한 사람들의 의식을 공통적으로 지배하게 된다. 이런 문화는 동일 범위 사람들의 의식을 지배하면서 이를 같은 언어양식으로 표현해 내는 것이다. 한 나라의 언어를 학습하고자 할 때 반드시 그 나라의 문화를 함께 습득하지 않으면 안 되는 이유가 바로 여기에 있는 것이다. 다시 말해서 언어를 배운다고 하는 것은 바로 문화를 배운다는 것으로 이해해야지만 진정한 의미의 외국어를 습득할 수 있는 것이다.

외국으로 유학을 떠나고자 하는 사람이 있다면 반드시 그 나라 사람들의 문화를 습득해야 한다. 굳이 외국으로 유학을 가지 않더라도 국내에서 해당 국가의 언어를 습득할 수는 있겠지만 그 나라의 문화를 직접 체험할 수는 없다. 이런 의미에서 유학의 가장 커다란 목적은 문화체험에 있다고 말할 수 있을 것이다. 그렇다면 진정한 의미에서 정치, 경제, 사회분야 모두를 포함할 수 있는 영역이 바로 그 나라 사람들의 삶의 방식, 곧 문화가 될 것이다. 따라서 우리가 외국어를 배울 때 해당 외국어 단어 하나하나에는 그 나라 사람들의 문화가 반영되어 있다고 보아야 한다. 문화를 이해하지 못하고서는 진정한 의미에서의 외국어 학습을 할 수 없을 것이다.

이 책에서는 중국어의 몇몇 단어들을 통해 중국인들의 생활방식을 문화적 요소와 함께 자세히 설명하고자 노력했다. 중국어 활용에 있어서 하나의 단어를 사용하더라도 깊이 있는 문화적 의미 요소를 이해할 수 있다면 좀 더 자신 있게 중국어를 말할 수 있을 것이다. 이를 통해 초급 단계에서의 중국어 학습자라도 중국인 친구들과 또는 중국인 사업 파트너와 함께 깊이 있는 대화를 나눌 수 있게 될 것이다. 아무쪼록 이 책이 중국을 이해하고자 하는 많은 사람들에게 실제적인 도움이 될 수 있기를 바란다.

2013년 중국 상하이에서

저자

# 언어로 이해하는 중국문화(1)

# Chapter Ⅰ

1. 인사말
2. 너 중국말 잘 하는구나
3. 금방
4. 천천히
5. 허락하다
6. 호칭
7. 세 친구

# 인사말

## 有空来我家玩儿!

현재 지구촌에는 약 220여 개의 나라가 있다고 한다. 언어학적으로는 전 세계에 걸쳐 약 6,000여 종의 언어가 존재한다고 한다. 각 나라 사람들은 자신들의 언어로 독특한 자신들의 문화를 창조해 내고 있다. 나라마다 차이는 있겠지만 이들 국가 사람들은 모두 제각기 서로 다른 인사말로 서로의 안부를 물으며 살아가고 있다.

중국어에서는 가장 일반적인 인사말이 '你好(Nǐ hǎo)'이다. 이는 때와 장소를 가리지 않고 가장 많이 쓰이는 인사말로 우리말로는 '안녕' 정도의 뉘앙스를 지닌 말이다. 하지만 처음 만날 때는 이렇게 정중하게 인사말을 나누겠지만 이웃에 살면서 얼굴을 익히고 서로를 잘 알게 된 연후에는 한 단계 업그레이드 된 인사말을 나누기도 한다.

중국어를 처음 배울 때 중국어 선생님께서 내게 말씀하시기를 '有空来我家玩儿(yǒu kòng lái wǒ jiā wānr)!'하셨다. 직역하면 '시간 있을 때 우리 집에 놀러 와'인데 필자는 이 말을 곧이곧대로 믿고 일요일에 진짜로 선생님께 전화를 걸어 선생님 댁으로 놀러가겠다고 한 적이 있었다. 이 말에 대한 대답으로는 그저 '好的(hǎo de; 좋아요)', 또는 '谢谢(xiè xie; 고마워요)' 정도로 가볍게 응수를 해주면 될 것이지만, 중국문화를 잘 이해하지 못했던 당시로서는 무례를 하게 된 것이다. 선생님께서는 상당히 난처한 말투로 오늘은 사정이 있으니 다음에 놀러 오라고 했었는데 지금 생각하면 우습기 짝이 없다.

중국 사람들은 일반적으로 길거리에서 아는 사람을 만나면 '你上哪儿去(Nǐ shàng nǎr qù; 어디가세요)?'라고 묻는데 이때는 그냥 '你好(Nǐ hǎo; 안녕하세요)?'라든가 '吃饭了吗(chī fàn le ma; 식사는 하셨나요)?'정도로 가볍게 응수하면 될 것이다. 다시 말해서 굳이 자세한 답변을 하지 않아도 된다는 뜻이다.

한국 사람들은 정(人情味; rén qíng wèi)이 많은 민족이다. 이 때문에 교제 중 필요 이상의 정보를 노출하는 경우를 종종 보게 된다. 특히나 전화통화를 할 때도 불필요한 정보를 노출하는 경우를 종종 목격하기도 한다. 예를 들면 택배회사에서 전화가 온다. 오후 3시쯤에 물건이 도착할 예정인데 그 시간에 집에 사람이 있느냐고 묻는다. 이런 경우 한국 사람들은 '애가 아파서 병원에 가야 하기 때문에 그 시간에는 집에 사람이 없어요' 또는 '제가 지금 밖에 나와 있고 저녁에나 집에 들어갈 텐데'라며 자세한 상황 정보를 제공해 준다. 하지만 이는 필요 이상의 과다한 정보를 제공해 주는 셈이 된다. 실제로 이런 정보를 악의적으로 이용해서 빈집털이를 하는 경우도 있기 때문에 대화에 조심을 할 필요가 있다. 여성 혼자 사는 경우라면 '있다' 또는 '없다'처럼 간단한 정보만을 제공해 주는 등 더욱 더 조심할 필요가 있다.

한국 사람들이 가장 잘하는 인사말 중에 '우리 밥 한번 같이 먹자'라든지 '나중에 같이 술 한 잔 하자' 등의 표현들이 있다. 하지만 이런 표현들은 글자 그대로의 뜻으로 받아들이기보다는 인사말이라고 하는 사실을 알아야만 한국어를 잘하거나 또는 한국문화를 이해하는 사람이라고 말할 수 있을 것이다. 중국어에서도 이와 같은 표현들이 있는데, 중국인들도 자주 만나는 사이에서는 '找个时间一起吃顿饭(zhǎo ge shí jiān yī qǐ chī dùn fàn; 밥 한번 같이 먹자)', '我会跟你联系的(wǒ huì gēn nǐ lián xì de; 연락할게)' 등의 말들을 하지만 실제로 이런 표현들은 겉치레 인사일 뿐 그 내용에 의미를 두지는 않는다.

중국인들이 친구들과 헤어질 때 잘 하는 말 중의 하나인 '保持联系(bǎo chí lián xì; 연락하자)'란 말도 그저 영어권 사람들이 흔히들 말하는 'keep in touch' 정도의 인사치례인 것이다. 하지만 여러분들이 중국인들의 이러한 언어문화를 잘 이해하지 못한다면 때에 따라서는 상당히 서운한 감정이 생길 수도 있으며 심지어 실망하는 사태가 발생할 수도 있다. 그러나 반대로 여러분들이 중국어의 이러한 화용론적 특징을 잘 이해하고 활용한다면 중국인 또는 중국기업들과의 교류에서 상당한 친분을 바탕으로 승승장구할 수 있을 것이다.

古玩
门窗制作
阳台包装

# 너 중국말 잘 하는구나!

你汉语说得非常好!

한국어와 중국어는 화용(语用; yŭ yòng)론적 관점에서 커다란 차이점을 나타낸다. 특히나 언어표현 방식에 있어서 한국어는 직접적인 표현방법을 선호하고 중국어는 간접적인 표현방법을 선호하는 경향이 짙어 보인다.

중국어를 배워 본 경험이 있는 사람들, 특히나 중국유학 경험이 있는 사람들은 경험을 통해 이러한 사실을 직접적으로 느껴봤을 것이다. 중국의 각 도시로 어학연수 또는 유학을 가서 처음으로 중국어의 발음이나 간단한 구문 활용 방법을 배울 때 중국인 선생님들은 외국 학생들에 대한 칭찬을 아끼지 않는다. 중국 유학 경험이 있는 학생이라면 중국인 선생님들로부터 '你汉语说得非常好(Nĭ hàn yŭ shuō de fēi cháng hăo)!'라는 말을 가끔(偶尔; ŏu ĕr) 들어봤을 것이다. 이 말은 '너 중국어 정말 잘하는 구나'라는 의미를 뜻한다. 이 말을 들을 때 자신이 정말로 중국어를 잘 한다고 생각하면 큰 오산이다. 이 말은 그냥 상투적인 인사말(打招呼; dă zhāo hu)일 뿐이다.

중국대학에서 석사과정을 마치면 논문을 쓰게 된다. 석사 졸업논문은 통상 대학별로 약 3만자의 글자 수를 요구한다. 논문이 완성되면 답변(答辩; dá biàn)을 하게 된다. 답변을 할 때는 여러 명의 교수님들을 모시고 논문 내용에 대한 질의응답을 하는 시간을 갖는다. 이때 교수님들은 논문내용에 대한 여러 가지 질의를 하는데 답변이 끝나고 나면 교수별로 논문에 대한 강평을 한다. 강평을 할 때는 처음에는 대게 좋은 말로 시작하며, 교수가 정말로 지적하고 싶은 내용은 대부분 뒷부분에 놓인다. 이때 잘 등장하는 말이 있다. 바로 '就是(jiù shì)'이다. 우리말로 하면 '그러니까~~좀' 정도의 뉘앙스이다. 앞에서는 형식적인 또는 상투적인 칭찬을 말하고 뒤에서는 정말로 지적하고 싶은 내용을 언급하는 것이다.

그렇지만 중국인들과 교류를 할 때 이 말을 들으려면 상당히 오랜 시간이 필요하다. 이런 문화를 통해 중국인과 친구를 사귈 때 그들이 마음을 열고 다가오기까지는 비교적 오랜 시간이 필요하다는 것을 알 수 있다. 지역에 따라 다소간의 차이는 있을지언정 중국 사람들은 우리네처럼 처음 만나 술 한 잔 마시면서 정답게 친구가 되고 하지는 않는다. 그들은 친구를 사귈 때 말은 없지만 시간을 두고 멀리서 관심을 가지면서 오랜 시간을 지켜 본 후 마음의 결정을 한다.

중국 유학시절 학교에서 교수를 만날 때면 한국 유학생들은 으레 고개를 숙여 정중하게 인사를 하곤 한다. 하지만 중국 학생들은 이런 인사법이 없어진지 오래다. 해서 우리 한국학생들이 중국인 교수에게 고개를 숙여 인사를 할 때면 그들은 마음속으로는 흐뭇해하더라도 대개가 겉으로는 인사를 잘 받아주지 않는다. 하지만 그렇다고 해서 하던 인사를 그만 두면 안 된다. 그들은 비록 말을 하지 않지만 이 모든 것을 다 지켜보고 있기 때문이다.

필자의 중국대학 동기생 이야기를 해보자. 중국 유학 중 같은 대학에서 석사 동기였던 한 친구가 자신이 경험한 1년차 때의 얘기를 들었던 기억이 있다. 이 친구가 중국철학개론 과목을 수강(听课; tīng kè)했는데 도저히 수업내용을 알아들을 수 없었단다. 이 친구는 수업내용이 재미도 없고 알아듣지도 못하고 해서 매번 수업시간이 돌아오면 가고 싶지 않다는 생각을 반복적으로 하게 되었지만 이를 깨물고 한 번도 빠지지 않고 수강을 했단다. 학기 말이 되어 리포트(报告; bào gào)를 제출하게 되었을 때 실력이 모자라 정성을 다해 작성했지만 걱정이 앞섰단다. 하지만 전공(专业; zhuān yè) 필수과목(必修课; bì xiū kè)으로 학점을 이수하지 않으면 안 되는 과목이었기에 제출을 했는데 며칠 후 교수에게서 연락이 왔단다. 네가 제출한 리포트가 형편이 없다는 얘기였으며 다시 써오라고 하셨단다. 그러면서 말씀하시기를 다른 학생들은 F처리를 했지만 이 친구는 지난 학기에 수업에 열심히 참여했기 때문에 다시 한 번 기회를 주신다는 말씀을 하셨다는 것이다. 이 교수는 이 친구가 매번 복도에서 만나 인사할 때마다 인사를 받지 않았었다. 그래서 이 교수는 학생이 수업에 들어가고 나가는 것에 그다지 관심이 없다고 생각했었는데 결과는 이 학생의 이런 생각이 틀렸다는 것이었다. 다행히도 이 학생의 리포트는 간신히 C학점으로 통과되어 구사일생으로 재수강(重修; chóng xiū)은 면하게 되었다. 하지만 다른 대부분의 학생들은 재수강을 할 수 밖에 없었다. 이처럼 평소에 내가 누구인지 아무런 관심이 없는 것 같아도 속으로는 다 지켜보고 있다는 것을 깨달았단다.

중국인들은 드넓은 땅에서 여러 소수 민족이 함께 더불어 생활을 하는 문화를 가지고 있다. 해서 상대방을 최대한 존중하고 배려하는 경향이 있어 상대방의 의견을 목전에서 비평하거나 험담을 하지 않는다. 하지만 그렇다고 해서 상대방에 대한 정확한 평가를 하지 않는 것은 절대 아니다. 마음속으로는 이미 나름대로의 평가나 판단(衡量; héng liàng)을 해 놓고 있는 것이다. 다만 이를 말로써 표현하지 않는 것뿐이다. 이처럼 중국인들의 언어생활은 직접적이지 않다. 하지만 그들의 인지활동은 상당히 직접적이다. 중국인들의 이런 성향은 언어 속에 그대로 녹아내려 중국어는 문법적으로 상당한 주관성을 내포하고 있는 언어로 발전해 오고 있다. 중국어를 잘하기 위해서는 상황에 따른 현명한 해석이 필요하다.

劍池
虎丘

# 금방

'马上'

중국어에서 우리말의 '금방'이라는 의미를 가진 부사어 중에 '马上(mă shàng)'이라는 단어가 있다. 말 그대로 '금방', '바로' 등의 의미로 활용되는데 시간적 범위가 상당히 광범위하게 널리 분포되어 있어 의미해석상 주의를 요한다.

1996년 중국 베이징(北京)을 방문했을 때의 경험이다. 버스를 타고 천안문(天安门)광장을 지나 경산(景山)공원을 경유하여 왕푸징(望扑竟)으로 향하는 버스를 탔을 때의 일이다. 그 당시에는 버스에 售票员(shòu piào yuăn)이 있었다. 우리나라에서도 80년대 초반까지만 해도 시내버스에 안내양이라고 해서 요금을 받는 사람이 있었다. 초행길이라서 售票员(shòu piào yuăn)에게 왕푸징에 도착하면 좀 알려달라는 말을 건넸다. 알았다고 하기에 얼마나 있으면 도착하느냐고 물었다. 그녀가 말하기를 '马上到(mă shàng dào)'란다. 금방 도착한다고 하기에 한참을 기다렸는데(等了半天; dĕng le bàn tiān) 아무런 말이 없기에 불안해지기 시작했다. 다시 물었다. 아직 멀었느냐고. 그녀가 다시 말하기를 '马上到(mă shàng dào)'란다. 다시 기다렸다. 초조하게 기다리면서 흐른 시간이 30분이 되어갈 무렵, 그녀가 내게 알아듣지 못하는 말과 함께 잔잔한 웃음을 건네기에 직감적으로 느꼈다. 아 도착했나 보구나.

중국 유학시절 집근처에 짜장면 집이 하나 있었다. 밖으로 나가기 귀찮을 때에는 주문(外送; wài sòng)을 하곤 했다. 주문을 할 때면 늘 확인하는 말 중에 하나가 언제쯤 도착하느냐고 묻는 말이었다. 전화를 받는 중국인 직원 말이 또 '马上到(mǎ shàng dào)'란다. 아무리 기다려도 오지 않던 자장면은 1시간이 넘어서야 도착했다. 밀가루 반죽이 불어서 젓가락 질 한 번에 한 그릇 분량의 자장면이 통째로 들려졌다. 배가 무척 고파 맛있게 먹긴 했지만 '금방'이라는 시간이 1시간이라는 사실을 새롭게 느끼게 되는 경험을 하게 되었다.

중국회사와 무역을 할 때의 일이다. 주문한 물건의 샘플이 도착하지 않아 독촉 전화를 걸게 되었다. 이때마다 담당 직원의 말은 늘 '马上到(mǎ shàng dào)'란다. 결과적으로 3개월이 지난 후에 샘플을 받아 볼 수 있었다. 이 말은 필자가 중국어를 배운 이래 접했던 '马上到(mǎ shàng dào)'라는 말 중에서 시간적으로 가장 긴 경험을 하게 해 준 말이었다. 이처럼 중국어를 말하는 중국인들의 언어사유는 상당히 주관적인 부분이 포함되어 있다. 물론 모든 언어가 주관성을 띠고 있지만 중국어의 주관성은 때론 모호하기까지 하다.

중국 유학시절 머리가 지저분해지면 머리를 깎기 위해서 가끔씩 미장원을 가곤 했다. 머리를 조금만 다듬어 달라는 정도의 뉘앙스로 '修一点(xiū yī diǎn)'이라는 말을 사용하는데 재미있는 것은 중국어에서 '修一点(xiū yī diǎn)'이라는 말이 머리를 자르는 길이 면에서 모든 미장원에서 똑같이 적용되지는 않는다는 사실이다. 지방에 따라 사람에 따라 차이가 현격하다.

우리나라에서는 모든 이발소나 미장원에서 '조금만 다듬어 주세요.'라고 말하면 갖게 되는 공통적인 범위가 있지만 중국에서는 그런 범위가 없고 상당히 주관적이다. 따라서 중국에서는 머리를 자르기 전에 반드시 구체적인 숫자를 말하거나 손동작으로 크기를 내어 보여야만 낭패를 보지 않게 될 것이다. 그렇지 않으면 여러분이 원하는 결과를 얻기란 쉽지 않다. 다시 말해서 구체적이며 정확한 의사표시를 하지 않으면 여러분이 원하는 소기의 목적을 달성하는데 많은 장애 요소가 있을 수도 있으니 각별한 주의를 요한다.

# 천천히

慢慢地

흔히들 말하기를 중국인들의 성격은 慢慢地(màn màn di; 느리다)라고 한다. 하지만 필자는 이 말에 절대 동의하지 않는다. 누가 감히 중국인들을 느리게 행동하는 사람들이라고 말할 수 있겠는가? 이런 말들은 중국인들을 잘 모르는 사람들이 하는 말이다.

흔히들 말하는 '중국인들은 성격이 느리다'라는 표현은 개혁개방(1978년) 이전의 상황을 빗대어 말하는 것이다. 당시에는 세계가 중국을 '죽의 장막'이라고 표현했었다. 그 당시에는 중국과 중국인에 대한 이해가 많지 않아 중국인들이 비교적 오랜 시간에 걸쳐 심사숙고하여 신중한 판단을 하는 것을 빗대어 쓰던 말이다. 오늘날의 중국인들은 결코 행동이 느리지 않다.

필자가 중국에 살면서 느끼는 중국인들은 상당히 민첩하다. 또한 결정을 내린 이후에 그들의 행동은 과감하다. 특히나 '셈'에 있어서는 절대로 손해를 보지 않는 자기 이익에 매우 충실한 유전자를 갖고 태어난 민족이다. 중국인들의 신중함이 때론 느리게 느껴질 수 있을 것이다. 하지만 남에게 받을 돈이 있거나 장사를 할 때의 중국인들의 행동은 상당히 민첩하고 과감하다. 물론 남에게 줄 돈은 천천히 준다. 투자를 할 때에도 수 천 번 수 만 번 확인을 한 연후에 주머니 속에 있는 돈을 내어 놓는다. 하지만 결정이 난 이후의 동작은 신속하고 과감하다.

상하이에서는 자취를 위해 원룸형식의 방을 구할 때 보통 房地产(fáng dì chǎn; 부동산)을 통해서 집을 구한다. 집을 구할 때 가장 중요한 것은 房东(páng dōng; 집주인)과 집값 흥정을 하는 일이다. 상하이에서는 월세형식으로 방을 구한다. 대부분의 월세방은 3개월 치의 방값을 한 번에 지불한다. 하지만 처음으로 이사를 가서 방을 계약할 때는 한 달 치의 '押金'(yā jīn; 보증금)을 더 지불해야만 한다. 이 보증금은 계약기간이 만료되어 이사를 가게 될 때 되돌려 받을 수 있다. 방값 흥정을 하면서 한 가지 주의해야 할 점이 있는데 본인이 필요한 부분을 하나하나 빠짐없이 요구해야 하는 일이다.

중국에서 월세를 살게 되는 경우에는 집주인이 집안 모든 가전제품을 구비해 놓고 있는 것이 대부분이다. 이런 경우 새 집을 들어가게 되면 냉장고, 세탁기, 전자레인지 등 모든 가전제품이 새 것으로 구비가 되어 있겠지만 그렇지 않은 경우에는 중고제품을 사용하게 된다. 따라서 월세 방을 얻는 경우에는 꼼꼼하게 집안 시설 등을 살펴보고 나서 바꾸고 싶은 물건이 있는 경우 확실하게 요구해야 한다.

월세방을 계약할 때 가장 중요한 것은 계약서에 서명하고 방값을 지불하기 전에 반드시 요구사항을 먼저 제시해야 한다는 것이다. 집주인은 자기가 방값을 받기 위해서 가장 신속한 동작으로 세입자가 요구하는 조건들을 들어줄 것이다. 하지만 방값이 지불된 이후에 주인에게 요구하는 사항들은 웬만해선 절대로 들어주지 않는다. 아마도 이런저런 핑계를 대며 차일피일 미루거나 기존에 있는 물건에 대해서 예찬론을 펴며 아무런 문제가 없다는 답변만을 듣게 될 것이다. 계약 전에 깜빡 잊고 제시하지 못한 요구조건이 있다면 1년 후 다음 계약서를 쓸 때까지 기다려야 한다. 중국에서 월세방을 구할 때는 반드시 계약서에 사인하거나 방값을 지불하기 전에 요구 조건을 제시해야 한다는 것을 기억하시라.

상하이의 발전은 상당히 눈부시다. 2000년대 초반에 상하이시 최고 명문대학인 푸단대학 근처의 한 곳인 오각장(五角场; wú jiǎo chǎng)이 개발되기 시작했다. 이곳은 상하이 사람들도 시골이라고 인식하고 있을 정도로 외진 곳에 위치해 있었기 때문에 아무런 도시 기반 시설이 없던 곳이었다. 하지만 불과 5년이 채 되지 않아 이곳에는 대형백화점 2곳을 비롯하여 월마트 등 세계적인 대형마트 그리고 세계적인 각종 의류 브랜드 및 스타벅스(星巴克; xīng bā kè)와 같은 소비성 상점들이 즐비하게 들어서게 되었다. 개별적인 중국인들은 만만디인지는 몰라도 그들이 뭉치면 우리들의 상상과 개념을 초월하는 결과물이 도출될 수 있다는 것을 명심해야 한다. 만만디가 뭉치면 빨리빨리보다도 훨씬 더 강한 파워를 보일 수 있는 것이다.

상하이시에는 이런 메머드급 광장(타운)들이 곳곳에 들어서 있다. 상하이의 면적은 서울시 면적의 10배에 이른다. 인구도 23,000,000명 정도로 유동인구를 합치면 약 3천만 명에 달한다. 이 때문에 도시 곳곳에 이런 광장들을 만들어 도시인구의 특정지역 쏠림현상을 막고자 상하이시 정부의 도시계획에 따라 진행되고 있는 프로젝트인 것이다. 어떤 의미에서는 민초들의 여론을 수렴하는 과정을 거치지 않고 정부가 주도적으로 시행하는 공공사업들이 훨씬 더 실효적인 성과를 낼 수 있겠다는 사실을 경험하기도 한다. 정부의 도시건설 계획사업은 놀라운 속도로 진행되고 있다. 실로 경천동지할 일이 아닐 수 없다.

중국경제의 발전 속도를 얘기할 때 빼놓을 수 없는 또 한 가지 대표적인 예로 중국의 철도건설을 들 수 있다. 우리나라에 KTX(도시고속철도)가 있다면 중국에는 高铁(gāo tiě; 고속철도)가 있다. 광쪼우(广州)에서 베이징(北京)까지의 2,294Km의 거리를 약 8시간에 주파한다. 철도를 통해서 수도 베이징을 중심으로 하는 중국 전체 도시를 1일 생활권에 놓이게끔 계획하고 있는 것이다. 상하이에서 까오티에를 타고 6시간을 달리면 베이징에 도착하게 된다. 사람들은 베이징 역에 도착하기도 전에 먼저 자신들의 짐을 챙기고 줄을 서서 문이 열리기만을 기다린다. 이윽고 문이 열리면 저마다 빠른 동작으로 목적지를 향하여 움직인다. 그들의 동작들이 상당히 빠르며 민첩하다. 이런 중국인들을 감히 만만디라고 말할 수 있겠는가? 중국에 대한 고정관념을 과감하게 버려야한다. 이제는 더 이상 중국인들의 행동이 느리지 않음을 깨달아야 한다.

# 허락하다

## 可以

현대 중국어에서 가장 많이 사용되는 조동사 중의 하나가 바로 '可以(kě yǐ)'이다. 이 조동사는 주로 '능력'이나 '허락'을 나타내는 경우에 많이 쓰이는데 우리말로 번역해보면 '~할 수 있다' 정도의 의미를 지니고 있다. '可以'는 이따금씩 도리상 '허가'의 의미를 나타내는 말에도 쓰이는 경우가 있다. 이때는 대답을 할 때 우리말로 '괜찮다' 정도의 뉘앙스를 보인다.

**예**

A : 这里可以抽烟吗(zhèli kěyǐ chōuyān ma)? / 여기서 담배 피워도 됩니까?

B : 可以(kěyǐ)。됩니다/괜찮아요

화용론적으로 중국어의 조동사 '可以(kě yǐ)'의 '허락'의 의미는 상하관계나 서비스의 주체를 바꾸어 놓기도 한다. 한국어에는 이런 통사적인 특징이 없기 때문에 중국어를 구사할 줄 아는 한국 사람들은 사용상의 주의를 요한다. 이런 뉘앙스가 없는 한국인들은 종종 중국인들이 예의가 없다고 생각할 수 있기 때문이다.

**예**

손님 : 我去浦东(wǒ qù pǔdōng), 要上高架走(yào shàng gāojià zǒu), 好吧(hǎo ba)?

푸동에 갑니다, 고가타고 가 주세요, 괜찮죠?

기사 : 可以(kěyǐ)。/ 그럽시다.

중국에서 택시를 타고 이동을 하고자 하는 경우에 여러분이 지리를 잘 알고 있다면 운전기사에게 내가 아는 길로 가달라고 요구를 할 수 있다. 이때 여러분이 만약 택시를 탔다면 최대한 예의를 갖춰 문장(말) 끝에 '可以吗(kě yǐ ma)?'또는 '好吗(hǎo ma)?'를 붙여준다. 그러면 택시기사는 선심이라도 쓰듯이 '可以(kě yǐ)'라 말할 것이다. 중국어를 할 줄 아는 한국인들이 이렇게 말하는 택시기사의 말을 듣게 되면 십중팔구는 기분이 언짢다. 이유인즉, 한국어에는 이런 표현 방법이 없기 때문이다. 이런 상황에서 중국어를 구사할 줄 아는 대부분의 한국 사람들은 이때 택시기사에게 '好的(hǎo de)'나 '行(xíng)' 정도의 뉘앙스를 기대할 것이다. 물론 실제상황에서는 여러분이 기대한대로 말해주는 택시기사들도 있겠지만 그렇지 않은 경우가 더 많을 것이다. 이럴 때는 기분나빠하거나 언짢게 생각하지 말고 중국어의 한 특징이라고 이해를 해야 할 것이다.

**예**

학생 : 老师, 我现在可以走吗(lǎoshī, wǒ xiànzài kěyǐ zǒu ma)?

선생님, 저 지금 가도 됩니까?

선생 : 你可以走了(nǐ kěyǐ zǒu le)。/ 너 가도 돼.

**예**

손님 : 来一分泡菜饼, 好吗(lái yī fèn pāocàibǐng, hǎo ma)?

김치전 하나 주세요.

점원 : 可以(kěyǐ)。/ 알겠습니다.

필자 역시도 중국에 살면서 이런 말을 처음 들을 때에는 다소 불편한 마음을 느끼곤 했었다. 한국 사람들이 이런 생각을 하는 배경에는 아마도 한국 사람들의 언어생활에는 이러한 예가 없는 이유가 있을 것이다. 또 다른 관점으로는 중국어에는 관료중심적인 언어생활이 남아있는 이유를 들 수 있을 것이다. 이러한 현상은 언어생활 곳곳에서 목격되고 있다.

중국은 국토의 면적으로 볼 때 세계 3등 국가로서 상당히 커다란 규모의 국토면적을 가지고 있는 국가이다. 중국은 전체 국토면적이 약 960만 평방킬로미터로 한국(99,237 평방킬로미터)의 약 96배에 달한다. 이 때문에 고향을 떠나 대도시에서 대학생활을 하는 학생들이 많아 일반적으로 중국의 대학 캠퍼스 안에는 상당히 커다란 규모의 기숙사 건물들이 존재한다. 우리나라의 웬만한 아파트 단지만큼이나 규모가 크다. 그렇기 때문에 중국 대학에는 이 많은 학생들에게 식사를 제공하는 커다란 규모의 식당들이 있기 마련이다.

상하이시 푸단(复旦)대학에는 남쪽, 동쪽, 북쪽에 커다란 학교식당이 있다. 매 식당마다 약 3,000명을 동시에 수용할 수 있을 정도로 상당히 커다란 수용 규모를 자랑한다. 식당에서 식사를 마치고 식기를 반납하는 곳에 가면 '收腕处(shōu wǎn chù)'라고 쓰여 있는 글자를 볼 수 있다. 이 말을 직역하자면 '식기를 받는 곳'이라고 말할 수 있겠다. '收(shōu)'라는 말은 '거둬들이다'라는 뜻이다. 이 말은 식기를 반납하는 사람보다는 식기를 수거하는 사람의 입장이 우선적으로 적용된 표현이다. 다시 말해서 관리자 위주 또는 서비스를 제공하는 사람들을 중요시하는 관료 중심적 언어생활을 엿볼 수 있는 대목이다. 따라서 고객의 입장에서는 다소 불합리한 표현방법일지도 모른다. 대부분의 사람들은 식기를 가져다주는 사람이며 식기를 받는 사람은 몇몇 소수에 불과하기 때문이다. 언어는 이처럼 사회현상을 반영하기 마련이다. '收'라는 단어가 '给(gěi; 주다)' 또는 '还(huán; 반환하다)'라는 단어로 바뀌려면 시간이 필요할 것이다.

우리나라도 이와 똑같은 현상들이 존재했었다. 여러분이 서울을 떠나 지방도시로 갈 때 자주 드나드는 궁내동 톨게이트에 가 보면 '표 사는 곳'이라고 적혀 있을 것이다. 하지만 이전에는 우리나라도 '표 파는 곳'이라고 적혀 있었다. 표를 사는 사람보다는 표를 파는 사람이 중시되는 언어생활이었던 것이다. '표 파는 곳'에서 '표 사는 곳'으로 바뀌기까지 상당히 오랜 세월이 걸렸다. 서비스를 주고받는 사람들의 입장차이로부터 인식의 변화를 갖는다는 것은 쉽지 않은 일이다. 사회적 합의가 필요한 대목이다. 그렇다면 중국은 어떨까? 중국은 아직도 '卖票处(mài piào chù)'라고 적혀 있다.

중국어에서의 이러한 사회언어학적 습관들은 중국의 곳곳에서 목격된다. 서비스를 제공하는 사람들 위주로 모든 것들을 설계하다 보면 서비스를 받는 사람들은 불편하기 마련이다. 사람들의 관념들이 언어생활 속에 반영되고 있는데 이런 언어생활은 강제할 수 있는 것이 아니기 때문에 서비스를 받는 사람들에 대한 배려가 필요하지만 이는 시간이 필요한 일이다. 중국으로 여행을 오거나 유학을 계획하는 사람들은 이런 문화에 대한 사전학습이 필요할 것이다.

한 가지 분명한 것은 '문화(文化; wén huà)'라고 하는 것은 비교할 수 없다는 사실이다. 문화는 그냥 받아들여야 하는 것이지 비교해서 평가해야하는 대상이 아니라는 말을 하고 싶다. 무릇 사물의 변화는 일정한 시간이 필요한 법이다.

# 호칭

## 朋友, 兄弟, 家人, 自己人

인류가 역사를 시작한 이래로 무리를 지어 살면서 인간관계가 형성되기 시작했다. 이로부터 무리 속 인간들의 상호관계를 나타내는 호칭(称呼; chēng hu)들이 존재해왔다. 인간관계에 대한 호칭어를 통해서 해당 국가나 민족의 관계의식을 엿볼 수 있다.

아는바와 같이 한반도 고대국가에서는 문자가 없었다. 조선 세종이 한글 문자를 창조하였지만 그 후에도 오랫동안 국가기록물이나 양반 사대부가에서는 한자를 주로 사용하였다. 이런 영향으로 고려, 조선을 거치는 기간 동안의 고대한국어는 상당부분 중국어의 영향을 받은 것으로 보인다. 이러한 현상은 현대 한국어 어휘의 약 60%가 한자어로 구성되어 있다는 현실로부터 추론이 가능하다. 특히나 우리말 호칭어 구성을 보면 일촌(一寸)관계를 넘어서 부터는 대부분 한자어를 사용한다는 특성을 지니고 있다.

일반적으로 호칭이란 상하의 인간관계를 나타내는데 아버지와 어머니를 중심으로 크게 친가와 외가로 구분하여 각각의 자리에 맞는 호칭을 부여하게 된다. 우리말의 경우에는 한 가정을 중심으로 아버지(爸爸; bàba), 어머니(妈妈; māma), 할아버지(爷爷; yéye), 할머니(奶奶; nǎinai), 형(哥哥; gēge), 누나(姐姐;

jiějie), 언니(哥哥; gēge), 동생(弟弟; dìdi) 등의 가족 호칭은 고유어가 남아있지만, 아버지나 어머니 형제로 넘어가면 고유어가 사라지고 모두 한자어 호칭만이 사용되고 있다. 이런 이유로 어떤 이들은 한국의 가족문화는 일촌중심이라고 주장하는 경우도 있다. 그들의 주장은 언어사용은 사회적 환경을 반영하는데 고유어로 된 친인척 언어가 없다는 것은 일촌 중심의 가족문화가 반영된 결과라고 해석하고 있는 것이다. 자기 가족밖에 모르는 이런 현상은 "사촌이 땅을 사면 배가 아프다."라는 폐쇄적인 속담을 낳게 되는 결과를 초래하게 되었다는 것이다.

하지만 중국인들은 호칭어의 사용이 상당히 유기적인 것을 볼 수 있다. 한국사람들이 사용하는 친척(親戚; qīn qì)의 개념은 중국어에서 유래된 것이다. 고대 한자어에서 유래된 "친척"이란 말의 어원을 보면 '친(親; qīn)'이란 아버지 쪽 형제자매를, '척(戚; qì)'이란 어머니 쪽 형제자매를 뜻하는 말이었으나 현재에 와서는 친가와 외가의 구분 없이 통용되고 있다.

중국인들이 사용하는 호칭어는 다양하다. 그 중에서 혈연관계가 아닌 사람들을 나타내는 호칭어들이 존재하는데 가장 사용 빈도수가 많은 단어들을 살펴보면 '朋友(péng you), 兄弟(xiōng dì), 家人(jiā rén), 自己人(zì jǐ rěn)' 등이 있다. 이들 단어의 의미들을 살펴보자면 개념적으로 한국어의 '친구, 형제, 식구, 자기사람' 정도의 뉘앙스들로 해석할 수 있다. 하지만 이런 의미들 이외에도 중국문화의 특성을 나타내는 다른 의미들을 내포하고 있다.

'朋友(péng you)'는 말 그대로 '친구'를 뜻한다. 중국어에서 '친구'의 의미는 한국어에서의 '친구'보다도 광범위하게 사용된다. 한국어에서 '친구'가 갖는 의미란 일반적으로 '가깝게 오래 사귄 사람'을 나타내지만, 중국어에서 '朋友(péng you)'란 '인간관계에서의 비교적 중요한 교제 대상'으로 보고 있다. '친구'를 교제를 위한 대상으로 본다는 말은 상황에 따라 대상을 바꿀 수 있다는 전제를 포함할 수 있는 말이다. 따라서 한국 사람들은 친구가 배신을 하면 바로 얼굴을 붉히고 철천지원수가 되어 더 이상 친구라 생각하지 않겠지만, 중국인들은 친구 사이에서도 이해관계에 따라 흉계를 꾸미거나 허물이나 비밀을 들춰내서 공격하기도 한다. 중국 사람들이 흔히들 하는 말에 '영원한 이익은 있지만 영원한 친구는 없다'라는 말은 바로 중국인들의 친구에 대한 관념을 잘 표현해 주고 있다.

이익에 따라 친구라는 용어를 사용하기도 한다. 일례로 중국에서 쇼핑을 하다보면 호객행위를 하는 사람(拉客; lā kè)들을 쉽게 볼 수 있는데 이들이 손님들을 끌어들이기 위해서 주로 사용하는 말이 바로 '친구'라는 말이다. 이는 물건을 팔 때 '친구'라는 단어를 사용하여 호감을 사서 손님과의 관계를 좋게 만듦으로써 장사에 도움이 되게 하려는 노력이라고 볼 수 있는 것이다.

이성 친구를 표현하는 말에도 주의를 요한다. 한국어에서 '여자친구'라 하면 보통 이성적으로 사귀는 친구를 말하지만 중국어에서는 이를 '女朋友(nǚ péng you; 교제를 목적으로 사귀는 여자친구)'라고 말하고, 남성과 다른 성(性)을 가진 여자 친구를 말할 때는 '女的朋友(nǚ de péng you; 성별이 여자인 친구)'라고 말해야 한다.

'兄弟(xiōng dì)'는 한국어에서 '형제'를 말한다. 중국인을 친구로 둔 사람이라면 잘 알 것이다. 중국인과 친구로 시작해서 보다 더 발전적인 인간관계를 형성하게 된다면 중국인 친구에게서 들을 수 있는 말이 바로 '兄弟(xiōng dì)'라는 말이다. 다시 말해서 중국어에서는 '친구'보다는 '형제'라는 말이 관계적으로 훨씬 더 친밀함을 표현해준다고 말할 수 있다. 물론 한국어에서도 '의형제'라는 말로 한 차원 높은 친구관계를 표현하기도 한다. 이 역시도 친구 사이가 피를 나눈 친형제처럼 관계가 훨씬 더 친밀(亲密; qīn mì)하다는 뜻일 게다.

중국어에서 형제를 나타내는 '兄弟(xiōng dì)'라는 말이 한국어와 또 한 가지 다른 점이 있다. 한국 사람들은 기쁜 일이나 슬픈 일이나 모두 나눠가지는 게 형제라고 생각하는 반면, 중국 사람들의 형제란 말의 의미는 좋은 일이 있을 때는 반드시 복을 나눠가질 필요가 없지만 나쁜 일이 있을 때에는 반드시 함께 힘을 합쳐 극복해 나가야 한다는 의식을 좀 더 강하게 가지고 있는 것이다. 이 때문에 중국인들은 형제자매가 잘 되면 그 결과물을 자신에게 나눠주기를 바라지 않지만 어려움에 처하게 된 형제자매들에게는 반드시 도움을 준다.

'家人(jiā rén)'은 한국말로 '집안 식구'라는 말로 사용된다. 한국 사람들이 흔히들 말하는 식구라는 말은 친족관계 어디까지를 포함하는 것일까? 일반적으로 아버지, 어머니, 형, 동생, 누나, 언니, 오빠 등 한 집안 안에 살고 있는 사람들로 국한된다고 볼 수 있다. 하지만 중국어에서 '家人(jiā rén)'이란 말은 직계 가족은 물론이요 방계 가족까지를 아우르는 말로 사용된다. 다시 말해서 한국어의 일촌관계는 물론이거니와 큰아버지, 작은아버지, 큰엄마, 작은엄마, 고모, 고모부는 물론 심지어 당숙까지를 포함하는 말로 사용되고 있다. 그야말로 영어의 'family'와 그 의미를 같이 한다고 볼 수 있겠다. 이처럼 한국어와 중국어에서 '식구'를 나타내는 말은 사용 범위에서 위에서 언급한 여러 가지 차이점을 보이고 있는 것이다.

한국어에서는 좀처럼 찾아보기 힘든 말로 중국어에 ‘自己人(zì jǐ rěn)’이라는 말이 있다. 이 말을 굳이 한국어로 바꿔보자면 아마도 ‘자기 사람’ 또는 ‘우리 편’ 정도가 가장 적절할 듯하다. 친한 사람들 사이에서 ‘우리 편’이란 말을 들으면 마음이 놓이듯, 체면을 중시하는 중국인들도 ‘自己人(zì jǐ rěn)’이란 말을 하는 사이에서는 체면을 내려놓고 마음 편한 관계를 유지한다. 중국에서 ‘自己人(zì jǐ rěn)’이라는 말을 사용하는 사람들은 피아(彼我)를 구분하지 않고 하나의 사람, 즉 동일인으로 간주한다. 그래서 ‘自己人(zì jǐ rěn)’을 공격하거나 모함하는 경우에는 이에 맞서 전면적으로 대응하는 것을 자주 볼 수 있다. 이런 문화적 현상을 통해 중국인들 사이에 ‘체면(体面; tǐ miàn)문화’가 얼마나 중요한 것인지를 잘 엿볼 수 있다.

# 세 친구

## 一辈子的，一杯子的，一被子的

여러분들은 누구나가 마음속으로 주변의 친구들을 나름대로의 기준을 가지고 구분해 놓고 있을 것이다. 예를 들어 어떤 이는 오가면서 만나면 그냥 아는 척을 하는 정도의 친구, 어떤 이는 같이 밥 한 끼 정도는 할 수 있는 친구, 어떤 이는 같이 술 한 잔 하고 싶은 친구, 어떤 이는 목욕탕에서 옷을 벗고 같이 나란히 앉아 속마음을 털어놓고 편하게 말할 수 있는 친구 등등. 사람들이 이렇게 말하는 데에는 친구도 등급(等级; děng jí)이 있다고 생각하기 때문이다. 친구의 등급에 따라 처신(处身; chǔ shēn)의 폭이 똑같기는 힘들 것이다. 중국인들은 친구라는 존재에 대해서 어떤 생각들을 지니고 있을까?

인생을 살다보면 여러 부류의 친구들을 만나게 된다. 유치원부터 대학원까지 그리고 졸업 후 사회활동을 통해서 우리들은 삶속에서 많은 친구들을 만나게 된다. 예부터 죽마고우(竹馬故友), 지란지교(芝蘭之交), 지기지우(知己之友) 등 친구와의 관계를 나타내는 여러 가지 말들이 전해져 내려오고 있다. 중국어에서도 친구를 형용하는 다양한 말들이 사용되고 있다. 그 중에서도 중국인들은 인생을 살면서 만나게 되는 가장 대표적인 세 종류의 친구를 말할 때 '一辈子(yī bèi zi)', '一杯子(yī bēi zi)', '一被子(yī bèi zi)'라는 말을 사용한다.

'辈子(bèi zi)'는 중국어에서 '생애'를 나타내며, '杯子(bēi zi)'는 '물잔'을 의미하고, '被子(bèi zi)'는 '이불'이라는 말로 사용된다. 이들 세 단어의 대략적인 뜻을 유추해 볼 수 있을 것인데, '一辈子的(yī bèi zi de)'는 한 평생을 함께 갈 수 있을 영원한 친구를 의미하며, '一杯子的(yī bēi zi de)'는 술 한 잔을 마실 수 있는 친구를, '一被子的(yī bèi zi de)'는 함께 이불을 덮을 수 있는 친구를 말한다.

한 평생을 함께 정을 나누며 살아갈 수 있는 친구를 가진 사람은 매우 행복할 것이다. 중국 사람들에게 잘 알려진 백이(伯夷)와 숙제(叔齐), 그리고 俞伯牙(yú bó yá)와 终子其(zhōng zǐ qí) 고사(故事)는 진정한 친구의 의미를 깨닫게 해준다. 술 한 잔을 같이 마실 수 있는 친구는 많을 수 있지만 함께 술을 즐길 수 있는 친구는 많기가 힘들다. 술을 마시는 것과 즐기는 것의 차이는 무엇일까? 술을 좋아한다면 절제할 줄 알아야 한다. 절제할 줄 아는 사람은 술을 즐길 수 있는 사람이며 절제가 되지 않는 사람은 술을 마실 줄 아는 것뿐이다. 공자께서도 일찍이 이르시기를 '知之者不如好之者, 好之者不如乐之者(아는 자는 좋아하는 자만 못하고, 좋아하는 자는 즐기는 자만 못하다)'라 하였으니 절제할 줄 아는 자만이 즐길 줄 아는 것이리라.

함께 이불을 덮을 수 있는 사이로 어려서는 부모나 형제가 있겠고, 장성한 이후에는 부부의 연을 맺은 사람을 뜻할 것이다. 남녀가 한 이불을 덮고 사는 사이가 되면 부부라 말하지만 이 또한 친구와 다름이 없다는 중국인들의 사유가 엿보인다.

중국어에는 이밖에도 친구를 나타내는 여러 가지 표현법들이 있다. '朋友是另外一个自己(친구는 또 다른 나 자신)', '朋友不一定门当户对, 但一定要同舟共济(친구는 사회적, 경제적 지위가 반드시 비슷할 필요는 없지만 어려움에 맞서 서로 힘을 합쳐 헤쳐 나가야 하는 사이)' 등. 마르크스는 친구에 대한 사유에서 '人生离不开友谊(인생은 우정을 떠날 수 없다)、但要得到真正的友谊才不容易(하지만 진정한 우정을 얻기란 쉽지 않은 일이다)、友谊总需要忠诚去播种(우정을 얻기 위해서는 충심으로 씨앗을 뿌려야 하며)、用热情去灌溉(열정으로 물을 주며 가꾸고)、用原则去培养(원칙으로 감정을 키워 내며)、用谅解去护理(이해하는 마음으로 보살펴야 한다).'라고 말했다. 그에 말에 따르면 친구도 관리가 필요하다는 말이다.

영어에서도 친구에 관한 여러 가지 속담이 존재한다. A friend is easier lost than found(친구를 얻는 것은 어렵지만 잃기는 쉽다.), A friend in need is a friend indeed(필요할 때의 친구가 진정한 친구다.), A friend without faults will never bu found(단점이 없이 완벽한 친구는 찾을 수 없다.), A friend is never known till a man has need(진정한 친구는 필요할 때가 되어서야 비로소 알아본다.) 등등. 세계 어느 나라를 막론하고 친구에 대한 사유는 그 나라 사람들의 직접적인 경험을 토대로 수많은 시간 속에서 형성된 명언들일 것이다. 그 속에는 인류 역사의 다양한 사연들이 녹아들어 있는 것이다.

필자가 중국에 살면서 느끼는 중국인들의 인간관계는 항시적이라는 것이다. 소위 말하는 중국의 관계(关系; guān xi)문화 역시도 큰 틀에서는 친구라는 범위 안에서 다루어지고 있다고 봐도 크게 무리가 없을 것이다. 인간 삶속에서 '관계'라는 것이 관리를 필요로 하기 때문에 중국인들은 평소에도 꾸준하게 친구를 관리한다. 평소에 자주 연락하지 못하더라도 최소한 문자(发短信; fā duǎn xìn)라도 주고받으며, 가끔씩 만나 함께 식사를 하고, 춘절(春节)이나 중추절(中秋节)과 같은 명절을 보낼 때에는 반드시 찾아가 얼굴을 보며 친구의 머릿속에 눈도장을 찍어 놓는다.

소위 말하는 중국의 관계(关系; guān xi)문화 역시도 평상시에 관리되고 있다는 것이 한국인들의 정실(情實)문화와는 서로 다른 차이점을 보인다. 한국에서는 오랜만에 동창들이 전화가 와서 이러저런 부탁을 하는 경우가 있지만 중국에서는 이런 경우를 찾아보기 힘들다. 평소부터 관계를 형성해 놓고 혹시라도 무슨 일이 생긴다면 조심스럽게 다가가 해결 노력을 부탁하는 것이다. 그래서 사실 체면(体面; tǐ miàn)문화도 한국 사람들 보다는 더욱더 소중하고 비중 있게 여겨지는 것이다. 생각해 보시라, 자주 연락하던 친구의 부탁을 들어주겠는가 아니면 생전 연락이 없다가 갑작스레 뜬금없이 연락을 해 와서는 이런저런 아쉬운 소리를 늘어놓는 사람을 도와 줄 것인가? 만약 여러분들이 중국인들의 관계문화에 동의(同意; tóng yì)하신다면 오늘부터서라도 주변의 지인이나 친구들을 잘 관리하시기를 바란다.

# Chapter Ⅱ

# 홀수와 짝수

‘单数’和‘双数’

온 누리 사람들의 숫자에 대한 관념은 서로 다른 양상을 보인다. 이러한 특징들은 그들의 언어생활 속에서 쉽게 찾아 볼 수가 있다. 우리나라 역시도 근대이후 서양문화의 영향을 받아 금기시하는 숫자가 생기게 되었다. 한 가지 예를 들어보자면 우리가 매일 이용하는 엘리베이터를 보면 4층을 흔히들 F로 표기해 놓거나 아예 숫자 4를 사용하지 않는 경우를 들 수 있겠다. 중국인들도 4자를 싫어하는 경향이 짙으며, 서양문화의 영향(西化; xī huà)을 받아 13일의 금요일을 금기시하여 상하이를 비롯한 대도시에서는 13이라는 숫자를 아예 사용하지 않는 아파트나 건물 등을 보게 되는 경우가 종종 있다.

우리나라 사람들은 4자를 싫어한다. ‘죽을 4자’라는 말이 있듯이 죽음을 경계하는 숫자이기도 하지만, 사실은 한국인들의 이런 관념은 한자어에서 유래가 된 것으로 추정된다. 중국어로 4자는 ‘四(sì)’라고 읽는다. 죽음을 나타내는 ‘死(sǐ)’자 역시도 숫자 4와 발음이 같다. 이런 이유로 중국인들은 숫자 ‘4’를 기피하는 원인이 만들어지게 되었던 것이다.

우리나라에서는 기념일을 정할 때 홀수가 겹쳐져 만드는 명절들을 많이 갖고 있다. 예를 들자면 1월1일(원단), 3월3일(삼짇날), 5월5일(단오절), 7월7일(칠석), 9월9일(중양절) 등의 명절들이 홀수로 구성된 것을 찾아볼 수 있을 것이다. 하지만 중국인들은 대부분 짝수를 선호하는 경향을 보인다. 홀수와 짝수의 의미는 음양설(陰陽說)에 의해서도 확연히 구분된다. 음양설에 의하면 짝수는 사망, 상해, 약함을 뜻한다고 한다. 반대로 홀수는 생존, 밝음, 강함 등의 의미를 갖는다고 한다.

한국 사람들은 흔히들 3이나 7자를 좋아하는 사람들이 많이 있다. 3은 '복삼자'라고들 말 한다. 7은 '럭키세븐(lucky seven)'이라고 말하는데 영어에서 온 말이다. 일설에 의하면 기독교 문화권 사람들이 7자를 좋아하는 이유는 신이 만물을 창조하고 안식일에 접어든 날이 7일째 되는 날이기 때문에 7자를 선호하게 되었다는 일설이 있다.

우리네 생활 속에서도 숫자와의 관계를 뗄 수 없다. 조상을 모시는 제사를 지낼 때 술잔을 따르고 향불 위에서 술잔을 좌측으로 돌리게 되는데, 이 때도 홀수로 세 번을 돌린다. 술을 올리고 난 뒤에는 절을 하게 되는데 절 또한 세 번을 한다. 왜일까?

숫자 3은 천지인(天地人)이나 음양합(陰陽合)과 같은 의미를 내포하고 있다고 해석하는 사람들도 있다. 서양인들이 보통 7자를 행운의 숫자라고 좋아하는 반면 유태인이나 인디언들은 4자를 좋아한단다. 필자 역시도 숫자 중에서 4자를 으뜸으로 좋아한다. 필자가 4자를 가장 좋아하는 이유는 단순하다. 그것은 사람들이 모두 싫어하는 숫자가 바로 4이기 때문이다. 다소 단순하기는 하지만 남들과 똑같이 따라하고 싶지 않은 이유도 있고 박애정신의 발로이기도 하다.

중국인들이 가장 좋아하는 숫자는 8이다. 숫자 8은 중국어에서 '돈을 벌다'라는 의미의 发财(fā cái)에서 '发/fa/'의 발음이 '八/ba/'와 비슷하다고 생각하는 데서 유래가 되었다고 한다. 또 한 가지 설은 황제가 9를 가지게 되면서 백성들이 가질 수 있는 가장 높은 숫자가 8이 되었다는 말도 전해 내려온다. 실제로 중국어에서 '九五'는 지존의 자리를 나타내는데 절대 권력을 지닌 황제를 상징하는 말이기도 하다. 이밖에 중화민국(대만)의 건국 기념일은 10월 10일이며, 중화인민공화국 건국기념일은 10월 1일이다. 이 또한 짝수로 되어 있다.

중국어를 공부할 때 누구나 느껴본 것처럼 중국 사람들은 역사적으로 특정한 경험이나 사실을 빗댄 상황을 사자성어로 만들어 후세 사람들에게 교훈을 주는 히스토리를 많이 만들어 놓았다. 사자성어는 함축적인 의미를 포함하고 있어 현대를 살아가는 우리들에게도 여전히 많은 메시지를 전달해 주고 있는데, 이 또한 짝수로 되어 있다는 사실을 알 수 있다.

현대중국어의 또 하나의 특징 중 하나는 단어가 쌍음절(双音节; shuāng yīn jié)화 되어가고 있다는 것이다. 고대 한어에는 '알다'라는 동사가 '知(zhī)'로 대변되지만 현대중국어의 어휘에서는 두음절로 변해 '知道(zhī dao)'라고 사용하는데, 이것 또한 짝수로 대표되는 중국 언어문화의 하나의 특징이다.

현대중국어에는 또한 원래 두 음절로 구성된 두 개의 단어가 합쳐져 또 다른 의미의 단어를 만드는 경우가 늘고 있다. 즉, 두 개의 단어 중에서 각각 하나의 자(字)만을 취하여 두 자로 만들어진 합성어가 탄생하게 되는 것이다. 예를 들어 요즈음 중국의 매스컴에서 자주 등장하는 말 중에 '提速(ti su)'라는 단어가 있다. 이는 '提高(tí gāo)'와 '速度(sù dù)'가 합쳐져 만들어진 합성어인데 이 또한 짝수를 좋아하는 중국인들의 관념이 반영된 언어표현이다.

그렇다면 중국 사람들은 왜 짝수를 좋아하는 것일까? 여러 가지 원인이 있을 수 있겠지만 무엇보다도 중국인들의 성격이 반영되어 있다고 볼 수 있다. 중국인들은 홀로 튀는 행동을 잘 하지 않으며 남이 하고 있는 일에 대해서는 불만이 있더라도 잘 표현하지 않고 최소한 겉으로는 존중을 하는 편이다. 그들의 이런 보편적 사상들은 언어생활 속에 녹아들어 존재하고 있다. 그래서 중국인들은 존재하는 모든 것들을 대칭적으로 해석하는 경향을 보이는데, '好事成双(hǎo shì chéng shuāng)'이라는 말에서 볼 수 있듯이 좋은 일은 반드시 짝을 이룬다고 생각하는 것을 엿볼 수 있다.

또한 우리가 잘 알고 있는 태극(太极)에도 음양이 존재하며 이로부터 '太极生两仪, 两仪生四象, 四象生八卦, 八卦生六十四卦(태초에 하늘과 땅이 생겨나고, 쇠와 나무와 물과 불이 생겨났으며, 이들로부터 팔괘가 생기고, 팔괘는 모두 64괘로 만들어진다)'라는 말이 파생되기도 하였다. 소위 점을 볼 때 사용하는 64괘의 탄생은 자연과 함께 짝을 이뤄 조화롭게 운명을 살고자 했었던 그들 선조들의 정신적인 논리가 담겨져 있는 것이다. 역경(易经)에 등장하는 이런 논리들에서 볼 수 있듯이 이 모두가 짝을 이루고 있다는 것을 알 수 있다.

중국인들의 이런 관념들은 그들 생활 곳곳에 영향을 미쳐 선물을 할 때에도 홀수보다는 짝수로 짝을 이루는 것을 좋아하게 되었다. 중국인들은 춘절(春节;chūn jié)이나 중추절(中秋节; zhōng qiū jié) 등 명절을 보낼 때 주위 사람들에게 선물을 하는데 이 때도 대부분 짝을 이뤄 한 세트로 만들어진 선물 구매를 선호하는 경향을 보인다. 이밖에 중국인들이 좋아하는 숫자로 6을 꼽을 수 있는데 이는 모든 일이 물 흐르는 것처럼 순조롭다는 의미(流流大顺; liú liú dà shùn)를 지닌다고 여기기 때문이다.

이처럼 중국인들은 짝을 이뤄 조화로운(和) 세상을 꿈꾸며 산다. 세상을 바라보는 시각이 대체적으로 긍정적이며 또한 상대방의 존재가치를 인정하고 서로가 서로를 존중하는 것을 기본 덕목으로 생활을 한다. 중국인들이 홀수보다는 짝수를 더 신뢰하게 된 문화적 배경에는 드넓은 국토를 바탕으로 여러 소수 민족들이 함께 어우러져 살게 된 원인도 작용을 하고 있다. 서로 다른 환경과 언어를 사용하면서 주변 사람들과 또는 이웃사촌들을 신뢰하면서 함께 잘 어울려(相) 사는 것이 서로에게 이익이 된다는 암묵적 사고가 밑바탕에 깔려 있는 것이다.

# 팔자와 시계

## 谐音字

중국어에는 '谐音字(xié yīn zì)'라는 말이 있다. 발음이 같거나 비슷한 글자(homophony)들을 활용하여 정치를 풍자하거나 비유적인 말로써 현실을 조소하고자 할 때 사용하곤 한다. 중국어에서 '谐音字(xié yīn zì)'가 생기게 된 원인에는 지역의 많은 방언(方言; fāng yán)들의 역할이 컸다고 볼 수 있다. 기록에 의하면 진(秦)나라는 최초의 통일국가를 이룩한 이후에 지역에 존재하던 수많은 방언들을 통일시키는 한자정비사업을 시행했었다. 이를 통해서 대부분의 한자에 대한 통일작업은 이루었으나 수많은 방언 속에 존재하던 서로 다른 발음에 대한 정비작업이 이루어지지 못했다고 한다. 이로 인해 중국어에는 현재까지도 수많은 방언들 속에 서로 다른 발음들이 존재하고 있다.

언어의 유형학적 특징으로 볼 때 중국어는 고립어(孤立语)에 해당된다. 중국어가 고립어로서 나타내는 문법적 특성 중 하나로 성조(声调)의 변화를 들 수 있다. '성조'는 영어의 악센트와 비슷한 기능을 하는데 화용론적 관점에서 가장 중요한 기능은 바로 부족한 어휘수를 늘려주는 역할이다. 성조는 제1성, 제2성, 제3성, 제4성 그리고 경성(轻声)을 포함한 5개가 있다. 중국어 발음 중 /ma/를 기준으로 하자면 제1성 mā는 '어머니'를, 제2성 má는 '삼베'를, 제3성 mǎ는 '말(horse)'을, 제4성 mà는 '욕하다'라는 의미를 나타낸다.

세계 모든 나라에는 그 나라 사람들만의 터부(taboo)문화가 존재한다. 세계 여러 나라 사람들의 숫자에 대한 터부문화도 각기 다른 양상을 보인다. 우리나라 사람들은 4자를 싫어한다. 그 이유는 잘 알다시피 죽을 사(死)자와 발음이 같기 때문이다. 이런 이유로 아파트나 빌딩의 건물 층수를 나타낼 때 4자를 대신해서 영어의 F자를 사용하거나 아예 4층을 없애기도 하는 경우를 종종 목격하기도 한다.

중국사람 또는 중국회사와 교류를 시작할 때 대개 조그마한 선물을 준비하는 경우가 있을 것이다. 이때 시계를 선물하는 것은 좋지 않은 일이다. 중국어에서 시계는 '钟(zhōng)'이라고 발음하는데 이는 '죽다'라는 동사의 '终(zhōng)'의 발음과 서로 같다. 따라서 일반적으로 중국인들은 시계를 선물하지 않는 문화적 습관이 있다. 물론 이런 터부문화에 게의 치 않는 중국인들도 더러 보이긴 하지만 중국인 또는 중국회사와 선물을 교환할 때 되도록이면 시계는 삼가는 것이 좋다.

중국인들은 연말연시에 사람들을 만날 때면 恭喜发财(gōng xǐ fā cái)!라고 말하며 덕담을 건넨다. 이 말의 의미는 우리말로 '부자 되세요!' 정도로 번역해 볼 수 있다. 이때 '发'라는 글자의 발음이 /fa/인데 이는 '八(여덟 팔)'의 발음인 /ba/와 비슷해서 중국인들은 숫자 중에서 이 '八'자를 가장 선호한다. 이런 이유로 핸드폰 번호나 자동차 번호판에 숫자 8이 들어가면 상당히 비싼 가격으로 팔려나가기도 한다.

중국인들이 '八(여덟 팔)'자를 좋아하는 이유를 해석하는 여러 가지 학설이 있다. 그 중에서 가장 재미있는 가설을 하나 소개해보면 다음과 같다. 1에서 9까지의 숫자 중에서 가장 높은 숫자는 무엇일까? 옛날에 황제를 호위할 경우에는 동서남북으로 둘러싸고 중앙에 황제가 자리를 차지했었다. 해서 동서남북에 해당하는 숫자를 1부터 4로 보고 중앙에 남는 숫자를 5로 본다면 황제를 나타내는 숫자가 바로 5가 된다. 하지만 두 겹으로 에워싸게 된다면 1부터 8까지가 필요하고 9가 제일 높은 수가 되어 황제를 표시하는 말이 된다. 이런 이유로 현재까지도 중국어 사전에는 '九五'를 제왕의 자리를 나타내는 숫자로 여기고 있다. 1부터 9까지의 숫자 중에서 황제가 제일 높은 9를 가지게 됨에 따라 일반 백성들은 어쩔 수 없이 9를 뺀 가장 높은 숫자 8을 갖게 되었다는 학설이다. 이는 진위여부를 떠나 상당히 그럴듯한 가설이다.

일설에 의하면 중국에서는 당(唐)나라 시기부터 일반 백성들이 자신들의 사주팔자에 관심을 가지기 시작했다고 한다. 이 때문에 이 시기부터 숫자 '八'에 대한 미신이 생기기 시작했다고 보는 것이 일반적인 학설이다. 일부 중국인들은 숫자 '八'에 대한 상관성을 불교문화와 상관지어 논하기도 한다. 즉, 석가모니의 음력 생일이 4월 초파일이라는 데서 유래가 되었다고 믿는 것이다. 이런 미신들은 청(清)나라 정부로 이어져 실제로 음력 4월 8일에는 형벌을 집행하지 않았다고 한다.

중국인들의 '八(여덟 팔)'자에 대한 이러한 맹목적인 미신들은 현대에까지 이어져 내려오고 있다. 개혁개방(1978년)이후 중국의 눈부신 경제발전을 이끌었던 지역은 광동(广东)이나 홍콩(香港)이다. 이 지역들은 예부터 불교문화가 성행했었는데 광동 사람이나 홍콩 사람들은 숫자 '八/ba/'를 '发/fa/'와 동일시하여 돈을 벌어준다고 광신하게 되었다. 이런 이유로 절강성(浙江省)에서는 88888로 만들어진 자동차 번호판이 무려 166만 위안에 경매로 팔려 나갔으며, 중국에서 유명한 포털사이트인 QQ의 회원번호 88888는 경매로 26만 위안에 낙찰되기도 하였다.

핸드폰 번호 역시도 숫자에 8이 들어가는 번호는 다른 숫자에 비해서 다소 비싸게 판매가 되고 있다. 이밖에 중국인들은 숫자 4/si/와 발음이 비슷한 7/qi/를 그다지 좋아하지 않는 경향을 보이기도 한다.

여러분이 만약 중국에서 사업을 하거나 중국인을 친구로 사귀게 된다면 위에서 말한 것처럼 숫자에 민감한 중국인들의 문화를 잘 이해하고 대처해야 할 것이다. 아울러 발음이 서로 같은 글자들과 연계되어 있는 중국인들의 언어생활을 잘 이해해야 할 것이다.

# "생각하다"와 "고려하다"

'想' 与 '考虑'

중국여행을 해 본 사람이라면 한번쯤 짝퉁(山寨; shān zhài)시장에 가서 명품(名牌; míng pái) 가방(包; bāo)이나 지갑(钱包; qián bāo), 시계(手表; shǒu biǎo) 등을 사본 경험이 있을 것이다. 중국 사람들과 흥정(讨价还价; tǎo jià huán jià)을 할 때면 피곤에 가까운 절차와 대가를 치러야 한다. 중국인들은 물건을 사고 팔 때 흥정을 하는 것이 일종의 문화로 자리 잡고 있다. 한국인들은 물건 값을 흥정할 때 기분에 따라 쿨(酷; kù)하게 깍아 주기도 하고 덤으로 더 얹혀주는 경우도 종종 있지만 중국인들은 언제나 처음처럼 피곤한 흥정을 해야 한다. 한국어에는 '단골손님'이란 말이 존재하지만 중국어에는 단지 '오래된 손님(老客; lǎo kè)'이나 '자주 오는 손님(常客; cháng kè)'만이 존재하고 있다는 사실을 명심해야 할 것이다.

요즈음 간단한 중국어를 할 줄 아는 한국인들이 많이 늘고 있는 추세이다. 그래서인지 이들이 중국에 여행을 와서 물건 값을 흥정할 때 그야말로 간단한 중국어를 사용하게 된다. 그 중에는 '想(xiǎng)'과 '考虑(kǎo lǜ)'를 구분하지 못하는 한국인들이 많다.

중국 여행을 하면서 물건 값을 흥정할 때 여러 가지 재미있는 경험을 하게 된다. 중국에서는 물건을 살 때 반드시 흥정을 해야 한다. 이것은 선택이 아니라 필수이다. 물건은 마음에 드는데 주인이 제시한 가격이 터무니없이 너무 높을 때 한국 사람들은 화를 내거나 비웃는 표정으로 주인을 무시하는 시선을 보내기 일쑤이다. 하지만 이런 사람들은 중국의 문화를 이해하지 못하는 사람들이다. 중국인들과의 흥정에서는 주인이 제시한 가격을 듣고 손님이 생각하는 가격을 제시하는 것(讨价还价; tǎo jià huán jià)이 하나의 문화로 자리 잡고 있다. 이 때 주인이 제시한 가격이 터무니없다고 해서 화를 내거나 무시하는 행위를 보이는 것은 실례가 된다. 이런 경우에는 화를 내지 말고 손님의 입장으로 예의 있게 원하는 가격을 제시하면 되는 것이다. 손님이 제시한 가격이 터무니없을 경우 주인은 그냥 가라고 하거나 말도 안 된다며 너스레를 떨기도 한다.

여러분이 정말 사고 싶은 물건을 만났을 때는 어떻게 하면 좋을까? 우선 가격 흥정을 해라. 주인이 제시한 가격으로부터 최대한 낮춰서 불러 보시라. 주인의 반응이 마음에 들지 않는다면 화를 내지 말고 "생각해 볼게요"라고 말하라. 이때 한국말로 '생각해볼게'라는 말을 중국말로는 '考虑(kǎo lǜ)'라고 한다. 어설프게 중국어를 배운 대부분의 한국인들은 이런 경우 '想(xiǎng)'이라고 말한다. 하지만 이 말은 상황에 맞지 않는 표현이다.

한 가지 일화를 소개해보자. 한국에서 석사를 마치고 중국으로 박사 공부를 하러 온 학생이 한 명 있었다. 이 친구는 박사지도교수(博导; bó dǎo)와의 관계가 상당히 좋았다. 이 친구의 지도교수는 늘 이 친구를 불러 학교생활과 관련한 여러 가지 어려운 문제점들을 해결해주고 졸업논문을 작성하는데도 많은 도움을 주었다. 한번은 이 친구의 지도교수가 이 친구에게 한 가지 제안을 한

적이 있다. 이때 이 친구는 '제가 한 번 더 생각해 볼게요'라는 의미로 '想'이라는 말을 사용하여 대답했다. 지도교수는 이 친구의 말을 듣고 기분이 언짢아졌다. 이유인즉, 이런 경우 중국어에서는 '考虑(kǎo lǜ)'를 써야 했기 때문이다.

만약 여러분이 중국에 와서 물건 값을 흥정할 때 물건이 마음에 든다면 '考虑(kǎo lǜ)'을 써야 한다. 이때의 의미가 바로 '사고 싶긴 한데 다시 한 번 생각해 볼게요'라는 의미로 해석되는 것이다. 만약 이때 '想(xiǎng)'을 사용한다면 근본적인 차원에서의 고려를 해 보겠다는 의미가 된다. 다시 말해서 지도교수가 제안한 사안에 대해 기본적으로 찬성한다면 '考虑(kǎo lǜ)'를 사용했어야 한다. '想(xiǎng)'을 써서 답변을 하게 되면 경우에 따라서는 지도교수의 건의를 기본적으로 동의하지 않지만 지도교수의 성의를 봐서 다시 한 번 생각해 볼게요 라는 의미가 될 수 있기 때문에 다소 오해를 받을 수 있는 부적절한 표현이 된다.

중국여행 중에서 마음에 드는 물건을 만났을 때는 한 곳의 가게에서만 물건 값을 흥정하지 말고 다른 가게로 가거나 주위를 들러보고 난 연후에 동일한 물건이 없는가를 확인해 봐야 한다. 몇 개의 가게를 천천히 둘러보고 동일 품종에 대한 최저 가격을 파악한 연후에 다시 돌아와 가격 흥정을 해보는 것도 마음에 드는 물건을 싸게 살 수 있는 하나의 요령이 될 것이다.

# "반드시"와 "마땅히"

## '肯定' 与 '应该'

중국어를 배워 본 사람들은 조동사(能愿动词; néng yuán dòng cí)의 어려운 활용방법을 한번쯤 경험해 봤을 것이다. 우리나라도 한자어를 사용하긴 하지만 한국어의 한자어 활용 의미는 중국어와 다른 부분이 있기 때문에 각별한 주의를 요한다.

중국유학시절에서 어학연수를 할 때의 실제경험이다. 연말이 다가오면서 외국인 친구들과 함께 크리스마스 파티(派对; pài duì)를 열기로 했다. 학교 근처 바에서 같은 반 친구들과 함께 중국어 선생님을 모시고 술을 마시기로 했다. 중국어 선생님께는 사전에 참가 가능여부를 물었더니 "应该没问题(yīng gāi méi wèn tí)"라고 말했다. '应该(yīng gāi)'라는 말의 한국어 사전적 해석은 '당연히~해야 한다'라고 적혀 있다. 해서 필자는 선생님이 반드시 올 것이라고 믿고 있었다. 하지만 선생님은 약속시간이 넘어서도 오지 않았다.

중국유학 초기 시절에 유학생사무실(留办; liú bàn)에 가서 생긴 일화를 소개해보자. 비자(签证; qiān zhèng)를 신청하는데 사진이 필요했다. 하지만 비자신청서에 붙이는 사진보다 한 치수(尺寸; chǐ cun)가 작은 사진이 있기에 선생님께 한 치수가 작은 사진을 제출해도 괜찮은지를 확인했다. 그랬더니 '应该没问题(yīng gāi méi wèn tí)'라고 대답했다. 이틀 후 유학생사무실에서 연락이 왔는데 내가 제출한 사진은 비자신청서에 사용할 수 없으니 한 치수 큰 사진으로 다시 가져 오라는 말이었다. 당연히 된다고 해놓고서는 이제 와서 무슨 소리? 왜 이렇게 사람을 피곤하게 할까? 이 모든 생각들은 나만의 환상이라는 것을 나중에 깨닫게 되었다.

위의 두 가지 사안의 경우에는 '应该(yīng gāi)'보다는 '肯定(kěn dìng)'을 사용하는 것이 확률적으로 안전하다. '应该(yīng gāi)'는 확률이 50%밖에 되지 않는다. 다시 말해서 될 수도 있고 되지 않을 수도 있는 것이다. 하지만 '肯定(kěn dìng)'은 확률이 100%이기 때문에 반드시 되는 것이다. 한국어의 어감에서 '당연히'와 중국어의 어감에서 '应该(yīng gāi)'는 실현가능성 관점에서 서로 다른 뉘앙스를 보이고 있는 것이다. 확률적으로 몇 퍼센트의 차이를 나타내는지는 정확히 말할 수 없지만, 화용론적 관점으로 본다면 확률적으로 분명한 차이를 보이고 있다.

중국인들과의 대화에서 '应该没问题(yīng gāi méi wèn tí)'를 들었다고 결과에 확신하면 낭패를 볼 수 있다. 이 말은 한국인들의 어감에서는 '당연히 문제없다'라고 100% 긍정에 가까운 뉘앙스로 느껴질 수 있지만, 중국어에서는 반신반의의 어감을 가지고 있어 문제가 발생할 수 있음을 상기해야 한다. 중국어에서 100% 확신을 필요로 할 때에는 '肯定(kěn dìng)'이나 '确定(què dìng)'을 써야 한다. 여러분들이 중국인들과의 교류 속에서 중요한 계약서를 쓸 때에는 반드시 이 두 단어의 차이점을 인식하고 있을 필요가 있다. 그렇지 않으면 때에 따라서는 커다란 낭패를 볼 수가 있는 것이다.

# 오래된 손님과 자주 오는 손님

## '老客' 与 '常客'

한국어에 '단골손님'이라는 말이 있다. 사전을 찾아보면 '늘 정하여 놓고 단골로 거래를 하는 손님'이라고 적혀있다. 중국어에서 이에 상응하는 말을 보자면 '老客(lǎo kè)'와 '常客(cháng kè)' 등을 찾아볼 수 있는데, 전자는 오래된 손님으로, 후자는 자주 오는 손님으로 해석해 볼 수 있다. 한국어의 '단골손님'의 의미를 굳이 중국어로 대입해 본다면 이 두 단어를 합친 개념이라고 설명할 수 있을 것이다. 하지만 진정한 의미에서 한국어의 단골손님의 개념에 해당하는 중국어는 없는 것 같다. 중국어에서 라오커(lǎo kè) 또는 창커(cháng kè)라는 말은 철저하게 주인 입장에서 해석되는 말로서 장사 속이 훤히 드려다 보이는 상투적인 말인 것이다.

중국인들과의 무역거래를 통해서 이 말의 의미를 경험한 적이 있다. 중국의 광동(广东)지역에 중산(中山)이라는 작은 도시가 있다. 중산 이웃에 작은 소도시 구쩐(古镇; gǔ zhèn)이라는 곳이 있다. 이 곳은 중국에서 조명기기 및 램프 등을 생산하는 대표적인 조명산업 도시로 유명한 곳이다.

필자가 아는 한국의 한 수입업자(A)가 이곳의 한 중국 업체와 무역 거래를 할 때의 이야기를 들었다. A 회사는 이곳에 있는 한 중국제조공장으로부터 할로겐램프를 수입해서 국내 도매시장에 공급을 하고 있었다. 한번은 한 도매상으로부터 A 회사로 항의전화가 걸려왔단다. 이유인즉, 왜 도매상마다 가격을 다르게 공급하여 시장가격을 혼란에 빠뜨리고 있냐는 항의성 전화였단다. A 회사는 그런 사실이 전혀 없었기 때문에 역학 조사를 통해 원인을 분석해 보기로 했는데 찾아낸 원인은 의외로 간단했다. A 회사에 물건을 공급해 주는 중국제조사가 또 다른 한국회사(B)에 같은 물건을 더 싸게 공급해 주고, B 회사는 다시 이 물건을 도매상들에게 더 싼 가격으로 시장에 공급하고 있었던 것이다. 이를 파악한 후 중국제조사에 전화를 걸어 항의를 했단다. A 회사가 중국제조사에게 항의한 내용은 어떻게 우리에게 통보도 없이 다른 B 회사에 동종 물품을 공급해 줄 수 있는가? 우리 회사가 당신들과 관계가 훨씬 더 오래된 단골손님인데 어떻게 우리 회사보다 더 싼 가격으로 공급을 할 수가 있는가? 라는 항의였다. 그런데 중국제조사로부터 재미있는 대답이 전해왔다. 중국제조사가 한국의 A 회사와 계약을 먼저 맺은 건 사실이지만 그렇다고 해서 자기들이 다른 B 회사에 물건을 공급할 때 당신들에게 허락을 받을 필요는 없는 것이다. 또한 당신들이 거래가격에 대해 단 한 번도 할인요구를 한 적이 없지 않느냐, 원한다면 가격을 할인해 줄 용의가 있다는 대답을 전해 들었단다. A 회사는 중국제조사로부터 원치 않는 경험을 하긴 했지만 훗날 이 뼈아픈 경험이 A 회사가 중국시장으로 진출하는 과정에서 긍정적인 역할을 했음을 부인하지 않았다.

위와 같은 경우 우리네 상식에선 단골손님에 대한 신의차원에서라도 한번쯤은 언질을 해주는 것이 도리라고 생각할 것이다. 하지만 A 회사가 3년간 거래했었던 중국제조사는 우리네 생각과는 다른 사고체계를 지니고 있었던 것이다. 이를 통해 A 회사는 다시 한 번 중국제조사와의 관계를 재정립하는 계기를 마련할 수 있었다고 한다. 이처럼 한국인과 중국인 사이에는 서로 다른 사고(思考)의 기업문화가 존재하고 있었던 것이다. 단골손님보다는 기업의 현실적인 이익에 경영원칙이 부합하고 있다는 사실을 깨달은 것이다.

중국회사와 거래를 하고 있는 한국회사들은 이런 점들을 특별히 주의해야 한다. 특히나 중소기업을 운영하시는 분들은 중국회사와 무역거래를 할 때 정신을 더욱 더 바싹 차려야 한다. 그리고 중국 사람들의 머릿속에는 단골손님이란 단어가 존재하지 않는다는 사실을 명심해야 한다. 여러분들이 지금껏 단골이라고 생각했던 중국 사람들을 다시 한 번 경계하시라. 그리고 동종업계 다른 중국 업체를 끊임없이 개척하고 추구하시라. 그것만이 여러분이 중국회사와의 거래관계에서 진정으로 라오커 또는 창커가 될 수 있는 방법일 것이다.

중국 회사와의 교류에서 또 한 가지 알아두어야 할 재미있는 사실이 있다. 중국 사람들은 거래관계에 있을 때에도 현실적인 부분을 강조한다. 협상을 진행할 때에도 내 손에 들고 있지 않거나 눈에 보이지 않는 것들을 가지고 흥정하지 않는다. 예를 들어 어떤 회사가 A라는 물건을 파는데 월 10,000개를 팔아야 도매가격을 형성할 수 있다. 하지만 이 회사는 월 9,000개만을 팔 수 있는 시장을 가지고 있다. 그래서 말하기를 이번 한 달만 도와주면 다음 달부터서는 월 10,000개를 팔수가 있으니 좀 도와달라고 부탁을 한다. 하지만 중국회사는 냉정하게 거절을 할 것이다. 그리고 이렇게 말할 것이다. '到时候再说吧(dào shí hou zài shuō ba; 그때 가서 다시 얘기합시다)'라고 말이다.

한국 사람들은 정이 많아서 눈에 보이지 않는 현실을 가지고 사정을 하다보면 사정을 딱히 여겨 들어주는 사람이 있을 수 있다. 또한 사업적으로 발전가능성을 바라보고 투자하는 기업이 열에 한 둘은 될 듯싶다. 하지만 중국 사람들은 상당히 현실적이라서 눈에 보이지 않는 것들에 대해서 일반적으로 투자하려고 하지 않는다. 확실한 근거나 투자 전망이 없다면 사업적인 대화가 이어지지 않는 것이다.

따라서 중국인들과의 거래는 현실적인 접근이 필요하다. 금년도 사업에 조금만 도와주면 열심히 해서 내년에는 반드시 잘 될 수 있다는 식의 비현실적 제의보다는 내가 지금 실제로 가지고 있는 능력을 바탕으로 현실적인 계약을 해야지 만이 거래를 성사시킬 수 있는 것이다. 이런 자세야말로 중국어 속에 존재하는 라오커 또는 창커가 되는 길임을 깨달아야 한다.

龍賓閣

# 직선과 곡선

'直线'与'曲线'

중국어는 상당히 주관적인 언어이다. 이런 이유에는 여러 가지 사회 문화적 특징들이 있겠지만 필자는 중국어가 '표의문자(表意文字; biāo yì wén zi)'라는 특성이 가장 커다란 원인이라고 말하고 싶다. 흔히들 구조학적 측면에서 언어를 SVO(주어+동사+목적어)형 언어와 SOV(주어+목적어+동사)형 언어로 구분하여 언급하기도 하는데, 전자는 한국어가 해당되며 후자는 중국어가 이에 해당된다. 한국어와 중국어를 유형학적 특징으로 보자면 문장에서 목적어의 위치가 서로 다른데, 전자는 목적어가 술어 앞에 위치하며 후자는 목적어가 술어 뒤에 위치한다. 이런 이유로 한국어와 같은 전자의 언어형태를 목적성이 강한 언어로 중국어와 같은 후자의 언어형태를 처치성이 강한 언어로 인식하는 언어연구가들도 있다.

한국어와 중국어에서의 이런 언어 유형학적 특징들을 실제 언어생활로 들어가 좀 더 자세히 들여다보면 재미있는 현상들을 발견할 수 있다. 한국어는 유형학적 특징들로 볼 때 전형적인 SVO형 언어형태를 지니고 있다. 따라서 목적어가 서술어 앞에 놓인다. 예를 들어 '밥을 먹다'라는 말을 하게 될 경우 '먹다'라는 동사 술어보다는 '밥을'이라고 하는 목적어가 앞에 오게 되면서 목적어를 강조하게 된다. 여러 가지로 연용을 할 경우에는 '밥을 먹다', '밥을 하다', '밥을 담다'처럼 '밥'이라는 목적어를 중심으로 여러 가지 술어들이 등장하면서 목적성을 강하게 나타내게 된다.

중국어는 유형학적 특징으로 SOV형 언어형태를 지니고 있다. 따라서 서술어가 목적어 앞에 놓이게 된다. 이를 여러 가지 유형으로 연용하게 되면 '吃饭(chī fàn; 밥을 먹다)', '做饭(zuò fàn; 밥을 하다)', '盛饭(shèng fàn; 밥을 담다)'처럼 '먹다', '하다', '담다' 등의 여러 가지 술어가 중심이 되어 목적어인 '밥'을 어떻게 처치하는가의 의미를 중요시하게 된다. 서술어가 목적어 앞에 놓이기 때문에 처치의 의미만을 알게 될 뿐 처치의 목적 또는 대상이 어떤 것인지는 잘 알 수가 없다.

이처럼 한국어와 중국어의 서로 다른 유형학적 특징들로부터 두 나라 사람들의 서로 다른 인식의 차이를 엿볼 수 있다. 한국어 사용에 있어서는 목적어가 먼저 출현하기 때문에 어쨌든 목적어는 쉽게 알 수가 있으며 또한 뒤에 출현하는 서술어도 목적어와 반드시 어떤 관계에 놓이게 된다는 사실을 알 수 있게 된다. 따라서 언어의 유형학적 특징으로 볼 때 한국어는 상당히 직선(直线)적인 언어라고 말할 수 있다. 하지만 중국어 사용에 있어서는 서술어가 먼저 출현하기 때문에 뒤에 오는 목적어가 어떤 것인가는 잘 알 수가 없으며, 단지 어떻게 목적어를 처리하겠다는 방법들만을 알 수 있을 뿐이다. 따라서 언어의 유형학적 특징들로 볼 때 중국어는 다분히 곡선(曲线)적인 언어라고 말할 수 있을 것이다.

한국 사람들은 대체적으로 목적의식이 강하다. 목적의식이 강하다고 하는 것이 본인에게는 긍정적으로 작용하여 목적달성을 위해서 좀 더 노력하는 삶을 영위하게 할 수 있을지는 몰라도 타인들에게는 목적이 노출되어 상당한 견제의식을 가지게 하는 부정적인 영향이 있는 것도 사실이다. 반대로 중국 사람들은 일반적으로 처치의식이 상당히 강하다. 목적을 향해 필요한 처치를 함에 있어서 남들이 잘 모르게 조용히 처리한다. 따라서 타인들에게 불필요한 오해나 경쟁의식을 유발하지 않고 실질적인 이익을 얻는 것에 치중한다. 흔히 말하기를 중국인들은 속내를 잘 모르겠다고 하는 이유가 바로 이런 중국어의 유형학적 특징에 있다고 해도 무방할 것이다.

중국인들은 실용주의 또는 현세주의적 사고를 견지하고 있다. 직접적으로 대놓고 표현하기보다는 간접적으로 에둘러서 조용히 표현한다. 그렇기 때문에 그들은 외형적으로 꾸미는 것을 즐겨하지 않는다. 하지만 한국인들은 외형적인 것들에 상당한 의미를 두고 겉치장에 많은 시간과 돈을 투자한다. 돈이 있든 없든 명품 옷과 가방으로 치장을 하고 값비싼 외제차를 끌고 다니면서 남을 의식하고 산다. 이런 특성들로 인하여 중국에서 한국 사람들을 만나게 되면 대부분 한 눈에 알아 볼 수가 있다. 하지만 중국인들을 만나보면 잘 알지 못한다. 허름한 옷을 입고 다니고 금방이라도 고장 날 것 같은 낡은 자전거를 타고 다니는 사람들도 실제로는 사회적으로 지위가 높고 엄청나게 많은 돈을 가지고 있는 사람들을 종종 보게 된다. 중국의 대도시에서 생활을 하다보면 외부에서 보이는 아파트 건물이 왜 이리도 허름한가를 느껴 본 사람들이 있을 것이다. 하지만 그 안으로 들어가 보면 실내장식이라든가 가전제품 또는 가구 등 생활용품들이 절대로 허름하지 않다는 것을 알아야 한다.

중국인들과 교류를 할 때 절대로 외형적인 것들로 그 사람들을 평가하지 말아야 한다. 한국에서는 유명 호텔 1층 입구에 값 싼 자동차를 주차할 수 없지만 중국에서는 아무런 상관이 없다. 자동차의 가격을 떠나 필요에 의해서 누구라도 호텔 1층 입구에 주차를 할 수 있다. 바닷물은 흐를 때 소리가 나지 않는다. 시냇물은 흐를 때 졸졸 소리가 나기 마련이다. 호텔 입구에 세워진 자동차의 가격으로 그 호텔의 품격이 정해지지 않는 다는 것을 중국인들은 잘 알고 있는 것이다. 바닷물과 시냇물이 모두 물이라는 공통점을 갖고 있지만 존재하는 방식만큼은 상당히 다른 느낌을 준다. 여러분들은 바닷물과 시냇물 중에서 과연 어떤 삶을 영위하고 싶은가?

# 자족과 지족

## '自足'与'知足'

지구촌 여러 나라 사람들의 삶에 대한 태도나 생각은 서로 다른 차이점을 보인다. 세계 역사를 흔히들 크게 동서양으로 구분하지만 문화적 측면에서 세계지도를 만든다고 치면 이분법적 양분론으로는 설명할 수 없는 무수한 문화적 차이가 엄격히 존재한다. 사람들의 삶의 태도나 방식을 결정짓는 문화적 요소는 여러 가지가 있겠지만 그것들은 언어라는 매개체를 통해 독특한 생활양식을 형성하게 된다. 한 무리 사람들의 생각은 대부분 같은 종류의 의식을 형성하고, 이렇게 형성된 그들만의 의식은 다시 언어를 통해 그들 삶 속에 투영(投影; tóu yǐng)되며, 삶 속에 투영된 그들의 의식이 공통된 문화로 승화(升华; shēng huá)되는 것이다.

역사란 시간의 흔적이다. 우리는 수 천 년 동안 중국이라는 나라와 이웃하며 살아왔다. 한 때는 그들의 문자로 우리들의 의식을 기록했으며, 자의든 타의든 그들의 문화를 받아들일 수밖에 없는 지리적 환경에 놓여 있었다. 하지만 삶의 태도(态度; tài dù)나 방식(方式; fāng shì)에서만큼은 그들과는 전혀 다른 많은 것들을 지키며 살아왔다. 한국인과 중국인의 삶에 대한 태도는 어떤 차이점이 있을까? 관점의 차이에 따라 여러 가지 다른 해석이 있을 수 있겠지만 생활방식에 있어서만큼은 두 나라 사람들은 커다란 편차를 보인다.

한국 사람들은 자족(自足; zī zú)하는 삶을 추구한다. 한국어 사전에서 '자족하다'의 뜻을 살펴보면 '남에게 빌리거나 의지하지 않을 만큼 넉넉하다'로 해석되어있다. 이 한 마디의 말이 한국인들의 삶에 대한 태도를 잘 설명해 준다. 한국인들은 스스로 삶의 가치를 창출하기 위해 많은 노력을 요구받아왔다. 보다 나은 삶을 영위하기위해서는 어려서부터 주변의 친구들이나 친척, 심지어 친형제들까지도 비교(比较; bǐ jiào)의 대상(对象; duì xiàng)으로 삼아 그들과의 싸움에서 반드시 이겨야한다는 잘못된 교육을 받아온 것이다. 이렇듯 한국사회에서 보편화된 잘못된 비교문화는 1등만을 추구하는 그릇된 경쟁 심리를 유발시키면서 언어·문화적으로 '사촌이 땅을 사면 배가 아프다'라는 속담을 만들어냈는데, 이 말은 경쟁 심리의 부정적 측면이 잘 투영된 전형적인 사례일 것이다.

중국 사람들은 지족(知足; zhī zú)하는 삶을 영위한다. 중국어 사전에서 '知足(zhī zú)'를 찾아보면 '满足于已经得到的(가지고 있는 것에 대해 만족하다)'라고 설명해놓았다. 이 한 마디의 말이 중국인들이 삶을 영위하는 태도를 잘 대변해준다. 중국인들은 남들과 비교를 잘 하지 않는다. 가지고 있는 것이 부족하더라도 스스로 만족(满足; mǎn zú)하며 있는 그대로의 삶을 향유하고자 노력한다. 그들에게 있어서 친구나 친척 그리고 친형제들은 삶을 영위해 나가는데 있어서 없어서는 안 될 동반자로 인식된다. 중국인들의 이러한 삶의 방식은 불필요한 경쟁을 피하고 서로가 상생할 수 있는 화합(调和; tiáo hé)의 문화를 만들어냈다.

중국을 다녀와 본 사람들은 곳곳에서 인력거 또는 삼륜차를 이용해 본 경험이 있을 것이다. 지금은 대도시에서 이런 교통수단을 점점 보기 힘들어졌지만 중국유학시절 간헐적으로 승차해 본 경험이 있다. 한 차례에 2~5위안 정도를 주고 이용했었는데 나름대로 편리한 면이 있다. 택시(出租车; chū zū chē)보다는 기본요금이 훨씬 저렴하고 단거리 이동수단으로는 아주 적격이었다. 인력거를 탈 때마다 기사에게 한 달 수입이 어느 정도 되느냐고 물어보곤 했다. 자신이 벌어들이는 돈이 도시노동자 월평균 소득(收入; shōu rù)보다는 많이 부족하지만 배운 것 없는 농촌사람이 도시로 와서 이런 일을 하면서 입에 풀칠이라도 하는 것이 감사하다고 말을 하곤 했다. 퇴근길에 노상에 간단한 야채를 펼쳐 놓고 손님을 찾는 사람도, 밤마다 리어카를 끌고 나와 노점을 하는 사람도, 하루에 18시간씩 힘든 운전을 하는 택시기사도, 시멘트미장이를 비롯한 도배장이 그리고 힘겨운 이삿짐을 나르는 등 일당잡부로 일하는 사람들 모두 자신들의 현실을 긍정적으로 받아들이며 남들과 비교하지 않고 그날그날 자신들의 삶에 만족해하는 모습을 보면서 부러움을 느끼곤 했었다. 그들은 모두가 자신들의 생활에 스스로 만족할 줄 아는 삶을 영위하고 있는 것이다.

한국인들은 스스로의 삶에 만족할까? 이 질문에 '예'라고 대답할 수 있는 한국인들은 극소수에 불과할 것이다. 지금도 많은 한국의 젊은 사람들은 보다 나은 삶을 추구한다는 명분으로 지나친 경쟁(竞争; jìng zhēng)의식을 갖고 자신을 잊은 채 젊음을 희생(牺牲; xī shēng)하며 시간을 담보로 스펙 쌓기에 열중하는 불행한 삶을 살아가고 있다. 한국 사회에서는 1등만이 존중받으며 1등이 아닌 사람은 존재가치가 희박하다. 이른바 승자(勝者)에게 모든 것이 주워지는 승자독식(勝者獨食)의 원칙이 존재하기 때문이다. 사회적으로 만연한 이런 그릇된 인식은 상대방과 함께 상생할 수 있는 화합을 어렵게 만들고 오로지 경쟁을 통해서 상대방을 적(敌人; dí rén)으로 만들어버리는 공패(共敗)의 병폐를 만들었다. '남에게 빌리거나 의지하지 않다'라는 말은 '자신이 가지고 있는 것에 만족하지 못 한다'라는 전제를 함유(含有; hán yǒu)한다. 스스로 만족하지 못하는 삶은 불행한 법이다. 자신을 사랑하고 가지고 있는 것에 스스로 만족할 줄 아는 삶의 여유를 깨달아야 한다.

물질적인 것이든 또는 정신적인 것이든 많이 가졌다고 해서 반드시 행복(幸福; xìng fú)한 것은 아니다. 하지만 근본이 행복한 사람은 많이 가지면 가질수록 행복의 가치(价值; jià zhí)를 더욱 향유(享有; xiǎng yǒu)할 수 있을 것이다. 중국인들은 '행복'이라는 관념이 저축할 수 없는 것임을 잘 알고 있다. 그렇기 때문에 지나친 경쟁을 피하고 상생을 도모하며 상대방을 배려(照顾; zhào gù)하고 자신의 삶 속에 주어진 것들에 감사하며 '지금'을 가장 소중히 여겨(珍惜; zhēn xī) 삶을 즐길 줄 아는 것이다.

# 변화와 발전

'变化'与'发展'

우리들이 사용하는 언어 개념에는 상관관계가 존재한다. 이를테면 '늙다'라는 단어를 말할 때는 우리들은 '젊다'라는 단어를 연상하게 된다. 이는 '늙다'는 '젊다'에서 출발하여 시간여행을 통해서 도달할 수 있는 상관 개념이기 때문이다. 이것은 모든 언어가 가지고 있는 인간 공통적 사유의 특징이기도 한다.

중국어에서 변화(变化; biàn huà)와 발전(发展; fā zhăn)은 바로 이런 원리를 지니고 있는 상관개념이다. 존재하는 모든 사물은 변화가 있어야지 만이 발전이 가능한 것이고 발전이 있기 위해서는 변화를 해야 하는 당위성을 필요로 하게 되는 것이다. 그렇다면 여러분들은 발전이 되어야 변화가 이루어진다고 생각하는가 아니면 변화가 있어야지 만이 발전한다고 생각하는가? 언어의 유형학적 특징으로 이를 분석해보자면 한국인들은 변화를 통해 발전한다고 생각하는 경향이 짙으며, 중국인들은 발전을 통해 변화할 수 있다고 생각하는 경향이 짙다고 볼 수 있다. 이 질문은 닭이 먼저인가 아니면 계란이 먼저인가라는 질문과 상당히 흡사하다. 이에 대한 여러분의 대답은 무엇인가?

중국어에는 시간순서의 원칙이 존재한다. '식당에 가서 밥을 먹다'라는 말을 중국어로 하자면 '去餐厅吃饭(qù cān tīng chī fàn)'이다. 밥을 먹기 위해서는 식당에 가야 한다. 따라서 먼저 식당에 가야 밥을 먹을 수 있다. 말을 할 때는 당연히 '去餐厅(qù cān tīng)'이 '吃饭(chī fàn)'보다 먼저 출현한다. 이것이 바로 시간순서원칙이라는 개념이다.

하지만 중국어 표현들이 모두 시간순서원칙에 지배받는 것일까라는 의문을 갖는 사람들도 있다. 중국어를 구사할 줄 아는 사람들도 중국어 작문을 할 때 무척이나 헛갈리는 경우가 있다. 예를 들어 우리말로 '빨리 운전해'라는 말을 중국어로 번역하자면 어떻게 쓸까? 중국어로 '빨리'라는 말은 '快(kuài)'라고 하며, '운전하다'라는 말은 '开(kāi)'라고 말한다. 이를 기초로 여러분이 직접 중국어 작문을 해본다고 가정을 해보시라. 아마도 여러분이 생각하는 정답은 '快开(kuài kāi)'일 것이다. 하지만 실제 중국어로는 그렇게 말하지 않고 '开快(kāi kuài)'라고 말한다. 왜일까?

이런 사실을 들어 중국어가 시간순서원칙에서 벗어나는 경우가 있다고 말할 수도 있겠으나 좀 더 자세하게 들여다보면 그렇지 않다는 것을 알 수가 있다. 시간순서원칙에 의하면 사실 빨리 운전하기 위해서는 먼저 자동차에 시동을 걸고 운전을 시작해야 한다. 운전을 시작한 연후에 액셀러레이터를 힘차게 밟아야 빨리 운전을 할 수 있는 것이다. 그렇기 때문에 우리말의 '빨리 운전하다'라는 말을 중국어로 '快开(kuài kāi)'라고 하지 않고 '开快(kāi kuài)'라고 하는 것은 엄밀히 말하자면 여전히 시간순서원칙에 지배를 받고 있는 것이라고 말할 수 있는 것이다.

중국인들의 언어적 사고방식에 시간순서원칙이 존재한다는 사실을 유념해 두고 다시 변화와 발전 얘기로 돌아가 보자. 변화와 발전은 상대적인 관점으로 존재하는데 여기에서 중국인들과 한국인들의 관념적인 차이점을 확인해 볼 수 있다. 한국인들은 일반적으로 변화를 해야지 만이 발전을 할 수가 있다고 생각한다. 또한 변화를 위해서는 국민 누구나가 함께 적극적으로 참여한다. 그래서 한국의 역사를 보면 위정자나 백성들이나 할 것 없이 끊임없이 발전을 위해 변화를 요구하는 삶을 살아왔다. 우리들이 현대사에서 만들어 낸 419, 516, 1026, 629 등 역사적 성취들은 한국인들의 이런 의식들을 잘 보여주는 하나의 좋은 예가 될 것이다. 이처럼 한국인들은 삶을 상당히 주체적으로 살아왔다고 볼 수 있다.

중국인들은 발전을 해야지 만이 변화가 생긴다고 생각하는 경향이 짙다. 중국어에서 '演变(yǎn biàn)'이라는 말은 '변화발전하다'라는 말로 쓰인다. 하지만 '演(yǎn)'이라는 말이 '발전하다'라는 뜻이며, '变(biàn)'이라는 말이 '변화하다'라는 뜻이다. 여기에 시간순서원칙을 대입해 본다면 중국인들은 먼저 발전해야지 만이 나중에 변화할 수 있다고 생각하는 것을 알 수 있다. 이러한 사고방식은 상당히 현실적(实际; shí jì)이며, 또한 다분히 피동적인 의미를 내포하고 있기도 하다. 변화는 발전을 이룬 뒤에 올 수 있다는 말은 발전의 필요성을 중시하는 말로써 변화를 위한 직접적인 노력이나 투자보다는 발전에 참여함으로써 변화를 기대한다는 다소 소극적인 논리로 해석할 수 있다.

중국은 마오저동(毛泽东) 사후 1978년부터 본격적인 개혁개방을 시작하면서 많은 발전을 거듭해 오고 있다. 덩샤오핑(邓小平)은 중국의 선전(深圳)을 비롯한 몇 개 도시를 개방하여 경제발전을 도모하였다. 그는 사회주의 시장경제를 표방하며 '黑猫白猫(hēi māo bái māo; 흑색 고양이든 백색 고양이든 쥐만 잘 잡으면 된다)'이론으로 대표되는 중국적 특색이 있는 사회주의 국가건설을 위한 실용주의 노선을 걷고자 하였다. 그는 사회주의 국가건설을 위한 우선과제로써 자본주의 시장경제를 도입하여 경제발전을 도모하였다. 이는 경제가 발전해야 사회주의 국가건설을 위한 건실한 토대(基础; jī chǔ)를 형성할 수 있다는 논리였다. 이 과정에서 발전을 위해서라면 일정기간 빈부의 격차도 용인할 수 있어야 하며, 발전의 결과가 다소 불평등하더라도 경제발전을 위한 가속도를 늦추면 안 된다는 집권 공산당의 집정 논리를 편 것이다. 변화를 위해서는 발전과정에서 필연적으로 발생하게 될 계층 간 빈부격차, 도농(都農) 간 생활수준격차, 민초들의 소득불평등 문제 등 현안문제를 일정기간 동안 감수(认苦子; rèn kǔ zi)해 나가야 한다는 필요성을 강조하고 있는 것이다.

이처럼 중국인들은 변화를 위해서는 필연적으로 발전을 도모해야 한다는 논리로 현재의 사회적 모순현상을 극복해 나가고 있는 것이다. 그들에게는 변화를 위한 발전단계가 선택의 여지(余地; yú dì)없이 피할 수 없는 당면과제(当务之急; dāng wù zhī jí)로 인식되고 있어 사회적 발전을 실천하는 과정에서 모든 민초들의 묵시적 동의(默认; mò rèn)를 얻고 있다. 민초들의 암묵적 동의는 경제발전과 사회주의 국가건설에 커다란 힘으로 작용하고 있는 것이다.

# 냄비와 철밥통

'白铜锅'与'铁锅'

중국의 전 총리 저우언라이(周恩来)는 현재를 살아가는 중국의 젊은 이들에게 가장 존경받는 인물 중의 한 사람이다. 그는 1949년 10월 1일 중화인민공화국 건국 이래 2인자의 자리에서 이념을 떠난 실리적인 외교를 추구하면서 중국이 위기에 닥칠 때마다 위기에서 조국을 구해낸 인물로 평가받는다. 이런 그가 1954년에 처음으로 주장한 평화공존 5대원칙이라는 정치적 이념이 있다. 내용인즉 ① 주권과 영토보존의 상호존중, ② 상호 불가침, ③ 상호 내정 불간섭, ④ 평등호혜, ⑤ 평화공존이다. 이 5대 원칙은 저우언라이가 최초로 제기한 이후 마오쩌둥(毛泽东)과 덩샤오핑(邓小平)을 거쳐 장쩌민(江泽民)과 후진타오(胡锦涛) 그리고 시진핑(习近平) 정부에 이르기까지 중국 외교의 기본 원칙으로 지켜져 오고 있다.

중국의 지도부는 비교적 안정적인 기반위에서 예측 가능한 정치를 하고 있다. 후진타오는 집권초기부터 본인의 임기를 결정하고 정권이양기일을 못 박았다. 정해진 수순에 의해 몇 년 전부터 시진핑을 후계자로 지목하고 정해진 시간에 정해진 후계자에게 정권을 이양했다. 중국은 이렇게 예측 가능한 정치기조를 바탕으로 안정적인 사회발전을 꾀할 수가 있었다. 민초들은 정부의 일관성 있는 정책기조를 바탕으로 장기적인 사업계획을 세우고 자신들의 생활수준을 가늠해 볼 수 있는 척도로 활용할 수 있는 것이다.

정치적으로는 비교적 안정적 기반을 유지해 오고 있지만 경제적으로는 눈부신 경제성장이면에 구조적인 문제점들을 내포하고 있기도 하다. 중국의 개혁개방 초기시절 기업의 분포를 보면 국영기업이 상당 부분을 점유하고 있었다. 당시의 국영기업을 중국인들은 '철밥통(大锅饭; dà guō fàn)'이라고 불렀다. 이 말의 뜻은 국영기업체에서 일하는 사람들의 행태를 꼬집는 말로 사용되었다. 일을 하던 안 하던, 일을 많이 하던 적게 하던, 일을 잘하던 못하던 상관없이 모두가 같은 월급을 받는 다는 뜻이다. 중국정부는 이런 사회적 부조리를 해결하기 위하여 국영기업체를 도급제(承包制; chéng bāo zhì)로 운영하다가 주식제(股份制; gǔ fèn zhì)로 전환하는 등 국영기업의 체질개선에 적극적인 의지로 나섰다. 하지만 공무원들의 철밥그릇(铁饭碗; tiě fàn wǎn)은 아직도 고질적인 사회문제로 남아 있기도 하다.

한국인들을 비하하는 말로 흔히들 '냄비근성(白铜锅性根)'을 말한다. 이 말의 뜻은 냄비가 빨리 끓고 빨리 식어버리는 특성을 가지고 있듯이 한국인들은 어떠한 일에 대해 빨리 흥분하지만 시간이 지나면 바로 그 열기가 식어버린다는 의미로 쓰인다. 나설 때는 앞뒤 가리지 않고 과감하게 나서지만 털어버릴 때에는 아주 깨끗하게 털어버린다는 말로써 좋은 의미보다는 대부분 관심이나 감정이 쉽게 가라앉아 버린다는 부정적인 의미로 사용되고 있다.

미국을 비롯한 서방 국가들의 기자들은 한국의 변화무쌍한 사회적 현상들을 상당히 다이나믹(dynamic)하다고 평가한다. 특히 한국정치는 변화에 대한 예측이 불가하다고 입을 모은다. 말인 즉은 오래된 정당이 책임정치를 한다기보다는 선거 때만 되면 자기 정파의 이익을 위한 합종연횡(合縱連橫)이나 정치인 개인의 실리추구를 위한 이합집산(離合集散) 등을 통해 새로운 정당이 생겨나고 예상치 못한 의외의 인물이 대통령에 당선되는 등 예측 불허한 현상들을 만들어 낸다는 말일 것이다.

한국사회의 이런 불안전한 현상들로부터 여러 가지 사회병폐적 문제점들이 도출되고 있다. 정부정책에는 원칙이 사라지고 인기에 영합하려는 선심성 정책(populism)이 난무하게 되며 이로부터 선거공약(公約)이 그야말로 공약(空約)이 되는 현실을 오랫동안 지켜보며 살아왔다. 원칙이 사라진 사회풍토 속에서 공무원들은 국민을 위해 봉사하기보다는 정권을 위해 충성을 강요당하는 영혼이 없는 기계로 전락한다. 원칙이란 안정적 기조가 전제가 되어야만 작동할 수 있는 기제이며 정의롭고 공정한 사회발전을 위해서 반드시 보존해야 하는 가치개념이다. 원칙 없는 정부정책은 민심을 동요시켜 국가정책을 신뢰하지 못하게 만들 수 있다. 또한 민초들은 이를 해결하기위해 장기적인 투자보다는 단기적이고 자극적인 투자에 몰두 하게 된다. 따라서 정부는 민심을 하나로 묶어 줄 수 있는 장기적인 아젠다(Agenda)를 제시할 필요가 있는 것이다. 정부가 안정적이고 미래지향적인 정책을 펴지 못한다면 민초들은 정부정책을 신뢰하지 못하고 자기발전을 위한 장기적인 노력보다는 단기적인 투자에만 매달리게 될 것이다. 이렇게 된다면 정부가 민초들의 불안전한 심리를 자극하여 불건전한 사회풍토를 조장했다는 책임을 면하기 어렵게 될 것이다.

# 샤브샤브와 훠궈

## '샤브샤브'와 '火锅'

중국인들이 즐겨 먹는 음식 중에 '火锅(huǒ guō: 훠궈)'라는 것이 있다. 우리나라 음식 중에서는 샤브샤브와 다소 비슷한 종류에 속하며, 중국 전체에 걸쳐 널리 보편화되어 있는 음식이다. 이 음식의 유래에 관해서는 여러 가지 설이 전해지고 있는데 총칭(重庆)지역에서 유래가 되었다고 하는 주장이 많이 보인다.

총칭은 현재 중국의 쓰촨(四川)성에 위치해 있는 도시이며 베이징(北京), 상하이(上海), 톈진(天津)과 더불어 중국의 4대 직할시 중 한 곳이다. '火锅(huǒ guō)'에 대한 유래로 옛날 충칭에 살고 있던 가난한 사람들이 즐겨 먹었던 음식이었다는 말이 전해진다. 거지(要饭的: yào fàn de; 乞丐: qǐ gài)들이 밥 동냥을 얻어 와서 한 곳에 모여 얻어온 음식을 커다란 솥에 넣어 물을 넣고 함께 끓여 먹으면서 유래가 되었다는 것이다. 또 한 가지 유래는 몽고족처럼 유목생활을 하는 민족들이 양이나 염소 등을 방목하는 과정에서 초원에서 식사를 해결하기 위해 말에 물과 함께 간단한 음식거리를 싣고 다녔는데, 초원에서는 물이 귀했기 때문에 식사를 할 때는 커다란 냄비에 물을 넣고 끓여서는 각종 채소와 고기 등을 물에 데쳐서 먹던 풍속이 오늘날의 '火锅(huǒ guō)'로 이어졌다는 설이 있다.

샤브샤브는 대부분 맑은 육수를 끓여서 야채 등 채소를 넣고 먹다가 고기를 곁들여 먹으면서 마지막에 국수 등 면을 넣어서 먹는다. '火锅(huǒ guō)' 육수는 지역에 따라 종류가 다양한데 한국인에게 가장 알맞은 육수는 아무래도 鸳鸯(yuān yāng)일 듯싶다. 이는 '원앙새'를 뜻하는 말로 '火锅(huǒ guō)'의 육수가 원앙새처럼 짝을 이루고 있다는 의미이다. 이 육수(汤; tāng)는 커다란 냄비에 반쪽은 해산물 등을 넣고 우려낸 담백한 육수가 그리고 다른 반쪽에는 각종 한약재와 붉은 고추 그리고 산초 등을 넣고 우려낸 매콤한 맛의 육수가 들어있다. 중국의 음식문화는 지역적 특색이 강하지만 지역에 관계없이 원앙새육수를 선택한다면 담백함과 매콤함이 조화롭게 어우러져 있는 '火锅(huǒ guō)'의 맛을 느낄 수 있을 것이다.

한 가지 재미있는 사실은 한국 사람들은 샤브샤브를 먹을 때 우려낸 국물을 떠서 마시기도 하지만 중국 사람들은 '火锅(huǒ guō)'를 먹을 때 국물을 떠 마시지 않는다는 것이다. 중국어로 '데치다'라는 말을 '涮(shuā)'라고 하는데 '火锅(huǒ guō)'의 육수물이 끓기 시작하면 각종 야채와 고기를 끓는 물에 데쳐서 먹는다. 국물을 좋아하는 한국인들은 육수 국물을 작은 그릇에 덜어서 마시는 습관이 있다. 필자 역시도 처음에는 국물을 떠마셨는데 이를 지켜보는 중국 친구들은 나를 상당히 의아스럽게 바라보곤 했었다. 왜냐하면 중국인들은 육수를 떠 마시지 않기 때문이다. 이유인즉, 나중에 알게 되었지만 한참을 먹다가 육수 바닥을 숟가락으로 저어보면 바닥에 흙이나 불순물이 고여 있는 것을 손끝으로 느낄 수 있다. 또한 중국의 '火锅(huǒ guō)' 육수는 기름 끼가 많아 상당히 느끼하기 때문에 국물을 덜어서 마시기에는 다소 부담스럽다.

한국인과 중국인의 음식문화는 서로 다른 양상을 띤다. 조리법에 따른 여러 가지 차이점이 있겠지만 우선적으로 생식과 가공식의 차이점을 비유로 들 수 있겠다. 우리나라는 전체 국토의 70%가 산으로 구성되어 있어 전국 어디를 가도 산이 있고, 산이 있는 곳이면 으레 계곡을 따라 물줄기가 흘러내리게 마련이다. 이런 자연 생태적인 환경으로 인하여 어디서나 맑은 물에 각종 야채를 씻어 생식을 하는 식습관이 있다. 한국에서는 배추나 상추 그리고 오이 등 야채는 물에 깨끗이 씻은 후에 된장이나 고추장 등 양념장을 찍어서(沾; zhān) 생으로 먹거나 여러 가지 양념을 곁들여 무쳐서(拌; bàn) 즐겨 먹는다. 중국인들은 대부분의 야채를 가공해서 먹는다. 그들은 이런 야채들을 대부분 볶아서(炒; chǎo) 먹거나 '火锅(huǒ guō)'를 먹을 때처럼 뜨거운 물에 데쳐서(涮; shuā) 먹는다.

중국인들이 즐겨먹는 음식 중에 토마토(tomato)가 있다. 한국에서는 과일가게에서 토마토를 팔지만 중국에서는 야채가게를 가야만이 토마토를 살 수 있다. 토마토는 야채일까? 아니면 과일일까? 해답을 얻기 위해 영어사전을 찾아보기로 하자. 영어사전에는 vesetable(야채)로 나와 있다. 그래서 일까? 중국요리에서 토마토는 야채로 대접을 받는다. 그래서 배추, 오이, 상추 등과 함께 늘 볶아서 먹는다. 특히나 계란(蛋; dàn)과 함께 볶아 먹는 토마토(番茄; fān qié)는 맛이 일품이다.

그렇다면 한국인들이 주로 생식을 하는 반면에 중국인들은 음식을 볶아(炒; chǎo) 먹는 이유는 무엇일까? 정확한 이유를 말하기는 힘들겠지만 더운 날씨라든가 물이 부족하다든가 하는 등의 생태·환경적인 요인이 있을 것으로 보인다. 특히 상하이에는 산이 없고 넓은 평야만 있다. 게다가 연중 평균기온이 한국보다 높다. 상하이의 여름 날씨는 기온이 섭씨 40도를 오르내리기 때문에 이런 날씨에서는 음식이 쉽게 상하기 마련이다. 또 다른 한 가지 원인으로 먹을거리가 귀하던 시절에 음식물을 오랫동안 보관하기 위한 방편으로 음식을 볶아서 보관하였다는 주장이 있다. 또 하나의 주장으로는 물이 부족한 지역에서는 식용기름을 사용하여 음식물의 불순물을 제거할 수 있었다는 것이다. 실제로 상하이 사람들은 음식을 요리할 때 기름을 많이 사용한다. 이런 주장을 바탕으로 창지앙(长江) 이남지역인 상하이(上海)처럼 물이 귀했던 남부지역에서는 물을 아끼기 위해서 '火锅(huŏ guō)'와 같은 음식문화가 발달했다는 설이 어느 정도 설득력을 얻는다.

최근 들어 중국의 '火锅(huŏ guō)'업계는 여러 사람이 함께 즐기는 것 보다는 개인의 성향을 중시하는 차별화된 점포들이 늘어 가고 있다. 상하이지역에서 비교적 유명한 '火锅(huŏ guō)'집으로 海底老(hăi dĭ lăo)와 澳门豆捞(ào mén dòu lāo) 등이 있다. 이들 업체는 이미 전국적인 프랜차이즈업체로 성장했으며 차별화된 서비스와 함께 제공되는 음식의 품질이 여느 일반 가게와는 사뭇 다르다. 이밖에 한류의 영향으로 중국 내 김치 소비가 늘면서 김치훠궈집도 생기고 있다. 중국을 느껴보고 싶은 사람이라면 한번쯤 훠궈의 맛을 느껴보기를 권한다.

# Chapter Ⅲ

18. 미안하다
19. 비슷해
20. 싼 게 비지떡
21. 보험을 사다
22. 두고 보자
23. 문제없어
24. 어쩔 수 없어
25. 화장실

# 미안하다

## '对不起' 与 '不好意思'

여러분들은 중국인들이 예의(礼貌; lǐ mào)가 있다고 생각하는가? 아니면 예의가 없다고 생각하는가? 이 문제에 대한 대답을 단순히 생각해서 평가할 문제는 아니지만 중국에 다녀온 경험이 있는 사람이라면 누구나 한 번쯤은 생각해 봤을만한 사안일 것이다. 필자는 이 질문에 대한 대답을 다음과 같이 말하고 싶다. 중국인들은 상당히 현실적인 사람들이라고 말이다.

중국은 현재 공식적으로는 사회주의 국가 노선을 걷고 있다. 하지만 정치적 외형을 제외시켜 놓고 그 내면을 바라보면 철저한 자본주의적 속성이 존재하고 있다. 환율정책 등 일부 제도만이 시장경제주의 원칙에 어긋날 뿐 대부분 경제정책은 서방 자본주의보다 훨씬 더 철저한 자본주의 노선을 걷고 있다고 해도 과언이 아닐지 모른다.

중국은 유사 이래로 왕을 중심으로 하는 중앙집권적 국가의 형태를 고수해 오고 있다. 현재 역시도 국가 주석(主席; zhǔ xí)이 당정군(党政軍)을 장악하고 전국을 통치하는 시스템을 견지해 나가고 있다. 중국은 북경시간을 중심축으로 전 국토가 공히 같은 시간을 공유하고 있으며 전국 22개 성(省) 및 4개 직할시 그리고 5개 자치구에 걸쳐 여전히 중앙에서 각 성장, 직할시장, 자치구장을 선발하여 임명하는 중앙집권적 국가체제를 고수하고 있다. 이런 시스템은 전 세계 어디에서도 전례가 없는 유일무이한 국가 운영 방식이다.

중국의 정치권력에서 기득권이 누릴 수 있는 권한은 상당하다. 실제로 중국 공산당 상무위원(7명)이 되면 무소불위의 정치권력을 손에 잡는다. 이들의 권위는 공산당 강령보다도 위에 존재하며 그들의 가족사나 이들이 사적으로 무슨 일을 하는지에 대한 신상정보는 좀처럼 공개되지 않는다. 서방 국가 지도자들의 일거수일투족이 매일 언론을 통해 일반 국민들에게 알려지는 것과는 정반대로 여전히 전제주의 국가의 특징적 요소를 보존하고 있는 것이다. 이런 중국적 특징들은 자연스럽게 민초들의 삶에도 영향을 미쳐 그들만의 독특한 생활문화로 정착해 가고 있다.

대표적인 한 예가 바로 중국인들은 웬만해서는 사과(赔罪; péi zuì)를 하지 않는다는 것이다. 중국어에는 상대방에게 미안하다는 표현을 할 수 있는 표현들로 '对不起(duì bu qǐ)'와 '不好意思(bù hǎo yi si)'가 있다. 하지만 실제 생활 속에서 중국인들에게 이런 사과의 말을 듣기란 그다지 쉽지 않은 일이다. 이런 문화적 특징들은 전제주의 국가에서 기득권 세력에 대항하는 민초들의 마지막 삶의 방법이기도 하였다. 전제정치 하에서 최고지도자의 말은 한 사람의 목숨을 앗아갈 정도로 막강했다. 그렇기 때문에 백성(老百姓; lǎo bǎi xìng)들은 순순히 자신의 잘못을 인정할 수가 없었다. 잘못을 인정하는 순간 생존을 보장받을 수 없었기 때문이다. 이런 이유는 또한 자연스럽게 일반 백성들이 지도층(领导; lǐng dǎo)들을 불신하는 풍조를 만들어 냈다. 이런 풍토는 현재까지도 전해져 내려와 중국인들은 정부를 믿지 않는 경향을 보이고 있다. 필자가 만나본 대부분의 중국인들은 정부에 대한 기대가 크지 않았다. 이런 현상은 중국경제가 발전을 해도 국내 소비시장의 소비는 활성화되지 못하고 오히려 국민들의 소비는 줄고 은행 잔고만 늘어 가고 있는 실정을 만들어 내고 있다.

정부정책에 대한 불신은 '上有政策(shàng yǒu zhèng cè), 下有对策(xià yǒu duì cè)'라는 말로 대변된다. 이 말의 뜻은 '국가에 정책이 있다면 백성들은 그에 대한 대책이 있다'는 의미이다. 중국의 각 지방에서는 국가 정책이 일선 최소 행정단위까지 그대로 전달되어 시행되는 과정에서 실제로 각지의 현지사정에 맞게 운영되는 현실을 자주 목격하게 된다. 그래서 혹자는 말하기를 '중국에서는 되는 것도 없지만 안 되는 것도 없다'고 한다.

그렇다면 '对不起(duì bu qǐ)'와 '不好意思(bù hǎo yi sì)'의 어감의 차이는 무엇일까? 어떤 상황에서 '对不起(duì bu qǐ)'를 사용하고 또 어떤 상황에서 '不好意思(bù hǎo yi sì)'를 말하는 것일까? 중국인들에게 한국어강의를 하면서 여러 차례 질문을 던져 보았다. 이 두 단어의 뉘앙스 차이가 뭐냐고? 여러 가지 답변을 들을 수 있었는데 그 중에서 가장 재미있었던 답변을 하나 소개할까 한다. 말인 즉은 심정적으로 상대방에게 정말로 미안한 마음이 들 때는 '不好意思(bù hǎo yi sì)'를 말하고, 법적인 책임이 동반할 수 있는 등 심각한 잘못을 저질렀을 때는 '对不起(duì bu qǐ)'를 사용한단다. 우리나라말로 대입해본다면 '미안하다'와 '죄송하다'의 차이점 정도로 보면 무난할 듯싶다.

때에 따라서는 정작 '对不起(duì bu qǐ)'를 말해야 하는 때에 억지로 '不好意思(bù hǎo yi sì)'를 말하는 사람들도 적지 않다. 필자가 느끼는 바에 의하면 미안하다고 말을 하는 경우는 명백한 잘못이거나 누가 봐도 어쩔 수 없는 상황에서만 말을 꺼내고 그렇지 않는 경우에는 잘 말하지 않는다. 예를 들어 출퇴근시간에 전철에서 옆 사람과 부딪치거나 발을 밟았을 때 미안하다는 말을 잘 하지 않는다. 말을 할 때에도 잘 알아들을 수 없을 만큼의 작은 소리로 말한다. 필자의 경험에 의하면 열 명 중에서 여섯 명 이상은 미안하다는 말을 하지 않았다. 물론 지역이나 성별에 따라 또는 학력에 따른 차이점을 보이기는 하지만 일반적으로 '미안하다' 또는 '죄송하다'라는 말은 잘 하지 않는 경향을 보이고 있다.

# 비슷해

差不多

중국인들의 대화에서 가장 많이 쓰이는 단어 중 하나가 '差不多(chà bu duō)'일 것이다. 이 단어는 우리말로 해석해보면 '거의 비슷하다' 정도의 뉘앙스를 갖는데, 일반적으로 정도/시간/거리/비용/효과 등의 비교에서 대략적으로 별반 차이가 없다는 뜻으로 많이 활용된다.

유학시절 학교 앞 편의점에서 자주 커피를 사 마셨다. 편의점 점원은 대부분 나이가 든 사람들이었는데 그다지 친절하지 않았다. 그들이 손님들에게 돈을 거슬러 줄 때는 항상 돈을 바닥에 떨어뜨려 세어 주는 것이었다. 기분도 썩 좋지 않고 이해가 가지 않는 행동이어서 왜 잔돈(零钱; lǐng qián)을 거슬러 줄 때는 항상 돈을 바닥에 던져 주는 것이냐고 물어보았다. 편의점 점원의 대답인즉은 잔돈을 세어서 정확하게 확인을 시켜주는 것이라고 말했다.

얼마동안 시간이 흐르고 유학생활에 적응해갈 무렵쯤 되어서 갑자기 궁금해지기 시작했다. 만약 손님이 물건을 사고 계산을 할 때 금액을 확인하기 위해서 돈을 바닥에다가 던져 준다면 점원의 반응이 어떨까하는 생각이 머리를 스쳤다. 이튿날 바로 실천에 옮겼다. 커피를 사 마시면서 동전 3위안을 하나씩 하나씩 바닥에 던져서 확인시켜 주었다. 편의점 점원은 놀란 듯 나를 쳐다보면서 바닥에 떨어진 동전을 주웠다. 말은 안 했지만 나를 쳐다보는 눈빛이 그다지 유쾌하지만은 않은 것 같았다. 손님이 바닥에 던진 동전을 주워 올리면서 점원 자신도 기분이 좋지 않다는 것을 느끼고 있는 것이다. 동전을 던져 주는 일은 점원이나 손님 모두에게 기분이 좋지 않은 일임을 깨닫게 해 주고 싶었다. 사람들의 마음은 모두가 差不多(chà bu duō)인 것이다.

필자가 좋아하는 커피 상표(牌子; pái zi)가 있다. 가끔씩 품절이 된다. 그러면 점원들이 으레 하는 말이 다른 커피를 권하면서 差不多(chà bu duō)라고 말한다. 뭐 대충 비슷하니까 그냥 사 마셔라하는 뜻이리라. 길거리 바닥에서 늘어놓고 파는 장갑(手套; shǒu tào)을 들여다보다 흰색밖에 보이지 않기에 검은색은 없냐고 물었다. 돌아오는 대답이 흰색이나 검은색이나 差不多(chà bu duō)하단다. 얼마냐고 물었다. 15위안이란다. 내가 응수했다. 14위안을 주면서 差不多(chà bu duō)? 라고 말했더니 이건 差不多(chà bu duō)가 아니라 不行(bù xíng; 안돼)이란다. 물건을 파는 사람 입장에서는 흰색이든 검정색이든 크게 상관없지만 자기 주머니 속으로 들어가는 14위안과 15위안의 차이는 중요하다는 뜻이리라. 상당히 재미있는 표현이며 논리이다.

중국 유학시절 기숙사 방안 공기가 좋지 않아 코가 자주 막혀서 불편해 했었던 경험이 있었다. 인터넷 검색을 하다가 주사기에 식염수를 채워 콧구멍으로 집어넣으면 코가 뚫린다는 내용의 기사를 읽게 되었다. 이 말이 사실인지가 몹시 궁금해서 바로 약국으로 달려 나갔다. 약국에 가서 알게 된 사실은 중국은 약국에서 식염수를 팔지 않는다는 사실이었다. 더욱이 주사기는 병원을 제외하고는 아무 데서도 팔지 않는다는 사실을 알게 되었다. 그래서 물었다. 식염수는 어디에서 파느냐고. 점원이 말하기를 편의점에서 판다고 했다. 부지런히 물어물어서 가까운 편의점에 가보았지만 팔지 않았다. 편의점 점원이 하는 말이 안경점에 가 보란다. 하지만 안경점에서 파는 것은 일반 식염수가 아니라 콘택트렌즈 세척용 식염수로 가격이 상당히 비쌌다. 다음날 또 다른 편의점에 가서 식염수 파느냐고 다시 한 번 물어보았다. 점원이 없다고 하기에 식염수는 안경점에서만 파는 것이냐고 물었다. 편의점 점원이 하는 말이 "差不多(chà bu duō)"란다. 무슨 뜻일까? 아마도 "그렇지 않나요?" 정도의 뉘앙스가 될 것 같다.

중국기업과의 중개무역을 하는 한국 사람이 있었다. 한번은 셔츠 주문을 받아 중국제조사에 빨강색 셔츠 1,000장을 생산해 줄 것을 주문했다고 한다. 그런데 이 중국인 담당자가 주문을 잘 못 기억하는바람에 노란색 셔츠 1,000장을 만들어 왔단다. 어이가 없어서 다시 만들어 달라고 말했더니 한다는 말이 빨강색이나 노란색이나 差不多(chà bu duō)라고 하더란다. 기가 막혀서 말이 안 나오기에 한숨만을 쉬고 있는데 이 사람이 差不多(chà bu duō)하니까 그냥 가져가라면서 좀 싼 가격으로 디스카운트를 해주겠다고 하더란다. 여러분이라면 이런 상황을 어떻게 정리하겠는가?

중국인들과의 대화에서는 이처럼 잘 이해가 가지 않지만 상당히 재미있는 표현들이 많이 보인다. 이런 상황에 닥치게 되면 사람들의 반응도 가지각색이다. 어떤 사람들은 성격이 급해서 화부터 내는 경향을 보이고 어떤 사람들은 별반 한 마디 말도 없이 무시해버리기도 한다. 필자 역시도 처음에는 황당해 했던 기억이 있다. 하지만 여러분에게 이런 상황이 발생하더라도  화내지 말고 여러분도 중국인처럼 아무렇지도 않은 듯 差不多(chà bu duō)라고 말해보시라. 그들이 어떻게 나올지 반응이 궁금하지 않으신가?

# 싼 게 비지떡

好货不便宜，便宜不好货

‘好货不便宜，便宜不好货(hǎo huò bù pián yi, pián yi bù hǎo huò; 좋은 물건은 싸지 않고, 싸면 좋은 물건이 아니다)’. 이 말을 한국말로 번역해보면 ‘싼 게 비지떡’이라고 말할 수 있을 것이다. 그러나 ‘싼 게 비지떡’이라는 말에는 부정적인 뜻만을 내포하고 있지만 중국어의 ‘好货不便宜，便宜不好货’는 긍정과 부정을 모두 아우르는 의미를 지니고 있어 중국인들의 현실주의 사상을 잘 드러내 주는 표현이라 말할 수 있다. 다시 말해서 중국인들은 필요 이상의 기대치를 원하지도 바라지도 않는다는 뜻인 것이다.

중국 여행을 가면 으레 짝퉁(山寨; shān zhài)물건을 하나쯤 사가지고 온다. 사람들은 짝퉁 물건을 사면서 심리적으로 대리만족을 얻게 되는가보다. 하지만 우리는 대리만족이 지나친 기대심리나 착각을 불러오는 상황을 경계해야 한다. 100원짜리 물건을 사면 100원의 가치만을 보존 받는 것은 경제적으로 아주 당연한 이치다. 하지만 사람들은 그 이상의 값어치를 원하는 것이 일반적이다. 사람들은 흔히들 ‘싸고 좋은 물건 없나요?’라고 말한다. 이 말에 대한 중국인들의 객관적인 답변이 바로 ‘好货不便宜，便宜不好货’이다. 다시 말해서 최소한 중국 사람들은 싸고 좋은 물건이란 있을 수 없고 싼 물건은 품질이 반드시 좋지 않다고 여기는 것이다.

최근 들어 많은 중국인들이 한국으로 여행을 오고 있다. 한국의 제주, 부산, 서울 등 지역으로 여행을 오는 이 사람들은 중국에서 비교적 생활수준이 높은 사람들이며 마음에 드는 물건을 봤을 때 소비를 유발할 수 있는 경제적인 능력을 지니고 있는 사람들이다. 이들 중에서 한국의 백화점에 와서 명품 백이나 가방을 사는 사람들을 보시라. 깎아 달라(打折; dǎ zhé)고 말을 하거나 물건 값이 비싸다(贵; guì)고 말하는 사람을 찾아보기 힘들다. 이들은 매주 인터넷을 통해서 홍콩과 한국의 면세품 가격을 비교해보고 가격이 저렴한 곳으로 여행지를 결정한다. 이미 가격정보를 가지고 있는 상태에서 소비를 하기 때문에 흥정(讨价还价; tǎo jià huán jià)을 하지 않는 것이다. 본인이 알고 있는 상품정보에 대해서 만족하기 때문에 별다른 불만이 없는 것이다.

한편, 한국 사람들이 중국여행에서 사가지고 돌아온 값싼 물건들에 대해서 이런저런 불평을 늘어놓는 장면을 심심찮게 목격한다. 중국 사람들이 많든 거라 품질이 좋지 않다는 둥, 그러면 그렇지 중국제가 좋을 리 없다는 둥 푸념들을 한다. 이런 현상들은 100원을 투자해서 산 물건에 그 이상의 값어치를 원하기 때문에 생기는 불필요한 오해이며, 지나친 기대심리가 작용하고 있는 불합리한 현상이라고 진단해야 할 것이다. 100원을 주고 산 물건은 100원의 가치만을 지니고 있을 뿐이다.

중국인들은 자기가 마음에 드는 물건을 사들일 때 흥정을 하지 않는다. 돈이 많은 부자도 돈이 적은 가난한 사람도 자신이 투자한 값어치에 대해서만 바라고 원하며 대체적으로 만족(知足; zhī zú)을 한다. 체면(体面; tǐ miàn)을 중시하는 문화가 있어서 그렇기도 하지만 자신이 투자한 것보다 더 좋은 물건이 있을 수 있다는 기대를 하지 않기 때문이기도 하다.

하지만 어떤 사람들은 여전히 싸고 좋은 물건은 없느냐며 한 가닥 희망의 끈을 놓지 않고 찾아 헤맨다. 분명히 말할 수 있는 것은 최소한 중국에서는 싸고 좋은 물건이란 없다. 만약 이런 물건을 찾는 사람이라면 하루 빨리 포기(放弃; fàng qì)하는 것을 권하고 싶다. 100원을 주고 산 물건이라면 딱 100원어치만 값어치를 하기 때문에 100원 이상 기대하는 것은 금물이다. 설사 싸고 좋은 물건을 샀다고 하면 조심해야 한다. 왜냐하면 십중팔구는 사기(上当; shàng dàng)를 당했을 가능성이 높기 때문이다. 만약 사기를 당한 경험이 있는 사람들이 있다면 이 말을 들려주고 싶다. '一分钱(yī fēn qián), 一分货(yī fēn huò)'. 이 말 역시 돈 1전 속에는 1전짜리 물건의 값어치만이 있을 뿐이란 얘기이다.

상하이의 물가는 상당히 비싸다. 부동산 가격도 그렇지만 일반 소비품목의 가격도 만만치 않다. 상하이 소재 웬만한 한국 식당에 가서 삼겹살(五花肉; wǔ huā ròu) 1인분을 먹으려면 최소한 60~80위안(한국 돈 10,000~14,000원 정도)은 지불해야 한다. 한국인이 운영하는 미장원에서 커트 머리를 깎으려면 100위안은 필요하다. 어느 정도의 버블현상도 포함되어 있지만 대체적으로 한국보다도 비싼 게 사실이다. 최소한 상하이는 우리들 머릿속에 존재하는 중국의 모습은 아닌 것 같다.

이제는 중국을 새로운 모습으로 담아야 할 때인 것 같다. 중국여행에서 더 이상 싼 물건을 사가지고 돌아와서 주변 사람들에게 이러쿵저러쿵 터무니없는 불평불만을 늘어놓지 말아야 한다. 그것은 경제논리를 벗어난 지나친 기대심리일 뿐임을 깨달아야 한다. 세상에 공짜로 살 수 있는 물건은 없다. 자, 이제 마음을 비우고 중국을 제대로 느껴보시라.

# 보험을 사다

## 买保险

중국 사람들은 어떤 보험 상품에 가입할 때 "买保险(mǎi bǎo xiǎn)"이라고 말한다. 이 말은 "보험을 사다"라는 말로 한국 사람들이 "보험에 들다" 또는 "보험에 가입하다"라고 말하는 것과는 차이를 보인다. 한국어에서 '가입하다'라는 말의 사전적 의미는 "단체 또는 조직 따위에 들어감"이라고 해석한다. 중국어에서 '买(mǎi)'라는 말의 사전적 의미는 "돈을 가지고 물건을 바꾸다"라는 뜻을 지니고 있다. 한국인들은 보험 상품을 구매할 때 소속감을 중시하면서 공동체 의식을 반영하지만 중국인들은 공동체 의식보다는 개인적인 필요에 의해서 보험 상품을 구매한다고 생각하고 있는 것이다. 이처럼 보험 상품을 구매하는 과정에서 한국인과 중국인의 인식차이가 존재하는 이유는 문화적인 요소가 반영되어 있다고 볼 수 있다.

그렇다면 한국인과 중국인 사이에 어떠한 문화적 인식 차이가 있어 이런 서로 다른 언어현상들을 초래하고 있는 것일까? 한국인들은 '우리'라는 공동체 의식(community spirit)을 가지고 있지만 중국인들은 개인주의(individualism) 색채가 훨씬 더 강하다고 볼 수 있다. 이 부분은 미국인들과 상당히 비슷한 면을 보이고 있는데, 중국인들이 미국인들과 다른 점은 제도적인 장치를 들 수 있겠다. 미국인들은 정부에 대한 불합리한 부분들을 제도적인 틀에서 여과할 수 있는 사회적인 기능들을 가지고 있지만 중국인들은 사회적으로 불합리한 시스템에 대하여 욕구를 표출할 수 있는 제도적인 장치가 아직은 미흡하다. 개인의 이상과 국가의 비전이 충돌할 경우에 아직은 국가의 비전이 우선적으로 평가받기 때문이다. 따라서 개별 민초들의 다양한 요구사항을 해결해 줄 수 있는 국가적 제도장치의 정비가 요구된다. 이런 현실에 비추어보면 백성들은 자신들의 욕구를 채워나가는 하나의 방편으로 정상적인 방법보다는 비정상적인 방법으로 처리(走后门; zǒu hòu mén)하고자 하는 의식이 강하다. 이에 따라 국가규정에 대하여 사회적으로 각종 부조리가 발생할 수 있는 여지가 공존하고 있는 것이다.

중국어에서 '买(mai)'라는 동사와 함께 쓰이는 단어들을 몇 가지 더 살펴봄으로써 중국인들의 이러한 의식을 엿볼 수 있을 것이다. 중국어 동사 '买(mǎi)'는 부정적 의미의 단어들과 함께 쓰이는데 주로 다음과 같은 것들이 있다. '买好(mǎi hǎo: 환심을 사다)', '买通(mǎi tōng: 내통하다)', '买便宜(mǎi pián yi: 부당한 이익을 구하다)', '买面子(mǎi miàn zi: 체면을 봐주다)' 등이 자주 쓰인다. 뜻을 살펴보면 '买好(mǎi hǎo)'는 말이나 행동으로 상대방의 환심을 사고 인기에 영합하여 호감을 얻는다는 뜻으로 쓰인다. '买通(mǎi tōng)'은 돈이나 재물 등으로 사람을 사서 자기가 얻고자하는 이익을 챙긴다는 말로 쓰인다. '买便宜(mǎi pián yi)'는 정당한 방법이 아닌 부당한 방법으로 자신의 이익을 챙긴다는 뜻으로 쓰인다. '买面子(mǎi miàn zi)'는 직역하자면 돈을 주고 자신의 체면을 산다는 뜻인데, 실제로 사용될 때는 역으로 돈을 주고 산 체면을 눈감아 준다는 의미로 자주 쓰인다.

위에서 언급한 단어들은 모두 부정적인 뜻을 내포하고 있지만 중국사회에서는 아직도 상당히 의미가 통하는 현실주의적인 단어들이라 볼 수 있겠다. 영국의 The Economist가 2010년도에 발표한 자료에 따르면 중국 국가 주석의 공식적인 연봉은 1만 633달러라고 한다. 그러나 이 말을 믿는 중국인들은 많지 않다. 실제로 필자가 만나본 중국 사람들은 이 말을 모두 신뢰하지 않는다고 말했다. 이 돈을 중국 인민폐로 환산해보면 월 평균 5,000위안 정도가 되는데, 이 돈은 중국에서 대학생이 졸업 후 처음 받게 되는 월급 수준과 비슷하다. 중국의 고위직 공무원들의 경우에도 그들이 받는 월급수준에 비해서 그들의 자녀들이 누리는 호사는 지나치게 현실과 괴리된 부분을 나타내고 있다. 얼마 전 신문에서 알게 된 소식 중에는 중국의 전 고위직 공무원 아들이 외제차를 타고 음주운전을 하다가 적발되었다는 기사가 있었다. 공식적인 공무원 월급으로는 도저히 그 외제차를 구매할 능력(本事; běn shi)이 없는 것으로 봐야 하겠지만 실제로 소유하고 있다는 현실에서 중국의 일반 시민들은 공권력을 신뢰하지 못하는 것이다.

이처럼 '买(mai)'라는 단어와 함께 쓰이는 말들을 통해서 사회적으로 불합리한 현실에 적응하고자 하는 민초들의 고달픈 생활을 엿볼 수 있다. 자동차 보험, 생명보험, 연금보험 등 한국인들이 '보험에 들다' 또는 '가입하다'라고 말하는 것에 반해 중국인들은 '보험을 사다'라고 말하는 이유도 공권력이나 국가 서비스망을 신뢰하지 못하는 현실적인 부분을 반영한 언어생활인 것이다. 민초들은 중국적 현실에 적응(适应; shì yìng)하고자 이런 말들을 만들어 사용했던 것이다. 실제로 필자가 중국에 살면서 체감하는 국가의 대민 행정 서비스는 지극히 관료 중심적이다. 요즘 들어 나아지고는 있지만 현실 속에서의 민초들의 고단한 삶이 언어생활 속에 그대로 반영(投映; tóu yìng)되어 있다고 봐야 할 것이다.

# 두고 보자

走着瞧

중국인들이 잘 하는 말 중에 '走着瞧(zǒu zhe qiáo)'라는 말이 있다. 이 말은 우리말로 해석해 보자면 '두고 보자' 정도의 뜻으로 해석할 수 있을 것이다. 대체적으로 불가항력적인 상황이 발생하거나, 힘으로 견제가 되지 않을 때, 싸움에서 패한 후 억울하고 분할 때, 예상하지 못한 상황을 맞이할 때 등 신중한 판단이 요구되는 경우에 자주 쓰이는 말이다. 이 말은 긍정적 의미(褒义; bāo yi)와 함께 부정적 의미(贬义; biǎn yi)를 두루 가지고 있어 사용상 각별히 주의를 요한다.

먼저 긍정적 의미로 활용되는 경우를 살펴보자. 중국문화를 잘 이해하지 못하는 한국인들은 이런 말을 듣게 되면 상당히 답답함을 느끼게 될 것이다. 성격이 급한 사람들은 대부분 조바심을 내며 그 자리에서 뭔가 결정을 내려 결론을 듣기를 원하거나 긍정적인 답변을 기대한다. 하지만 신중한 중국인들은 절대 서두르지 않으며 추측성 얘기를 꺼리기 때문에 급하게 결론을 내리지 않는 경향을 보인다. 그러나 중국인이 이 말을 하는 경우라면 최소한 절반 정도의 실현 가능성을 염두에 두고 하는 말임을 깨닫고 기다려주는 마음의 여유가 필요하다. 여러분이 중국인과의 협상과정이나 대화중에서 '走着瞧(zǒu zhe qiáo)'라는 말을 듣게 된다면 그것은 그 사람이 신중하게 고려한 후 다시 협상(商量;

shāng liáng)을 하자거나 차후에 구체적인 논의를 다시 한 번 해보자는 긍정적인 답변으로 생각하면 좋을 것이다. 결국 긍정적인 답변을 얻어내는 주체는 바로 여러분 자신임을 명심해야 할 것이다.

중국 사람들은 대화를 할 때 상당히 현실적(实际; shí jì)이다. 그들은 실현가능한 일들을 얘기할 뿐 리스크(风险; fēng xiǎn)가 크거나 예측하기 어렵고 힘들면서 구체적이지 않은 애기(笼统; lǒng tǒng)를 꺼린다. 어떤 사람들은 자신의 자랑을 늘어놓거나 누구나 들으면 알만 한 사람의 이름을 거론하며 자신이 상당히 영향력이 있는 것처럼 허풍(吹牛; chuī niú)을 떨기도 한다. 하지만 이런 사람들은 십중팔구는 사기꾼(骗子; piàn zi)이라고 봐도 무방하다. 왜냐하면 사회적으로 일정한 정도의 자리를 가지고 있는 중국 사람이라면 공식적인 자리에서 절대로 실현가능성이 낮거나 현실성이 떨어지는 애기를 하지 않는다. 이것은 중국인들이 대인관계에서 겸손(谦虚; qiān xū)을 바탕으로 상대방과의 신뢰를 얼마나 중요하게 생각하는지를 여실히 중명해 보이는 것이다.

이 말은 또한 부정적인 의미로도 쓰일 수가 있다. 협상이나 대화내용 중에 출현하는 것이 아니라 중국인에게 감정을 상하게 했다거나, 무시했거나 예의를 차리지 않았다거나, 경쟁에서 정당하지 못한 방법으로 이겼다거나 하는 경우에도 이 말을 하곤 하는데 이 때는 조심해야 한다. 위에서도 말했지만 중국인들은 신중한 판단이 요구될 때 이 말을 하기 때문에 좋지 않은 감정을 남겨 놓게 되면 앙금이 사라질 때 까지 당신을 자신의 기억에서 지우지 않을 것이다. 반드시 복수(报仇; bào chóu)를 하려 들 것이기 때문에 중국인과의 관계에서 이 말을 듣지 않도록 주의를 해야 할 것이다. 한국인들은 냄비근성(热锅性跟; rè guō xìng gēn)이 있어 금방 잊어버리지만 중국인들은 자신이 복수를 하겠다고 마음을 먹으면 평생 동안 기회를 노리며 기다린다(君子报仇, 十年不晚; jūn zǐ bào chóu shí nián bù wǎn, 군자가 원수를 갚는 데는 10년이 걸려도 늦지가 않다)는 것을 기억해야 한다.

한편 한국인들도 '두고 보자'라는 말을 가끔 사용한다. 한국인들이 이 말을 사용하는 경우는 '(어디 한 번)두고 보자'의 뉘앙스처럼 대부분 좋지 않은 일에 대한 유감을 나타내는 등 부정적인 의미로 많이 사용한다. 하지만 사용적인 측면에서 중국인들과는 많은 차이점을 나타낸다. 한국인이라면 누구나 공감(认同; rèn tóng)할 수 있는 얘기지만 한국인들은 지나간 일들을 쉽게 잊는 경향이 있다. 무섭게 미워하지만 또 너무나 쉽게 잊어버리거나 용서하는 경우가 많다. 이 때문에 바닥이 얇은 냄비가 물을 빨리 끓이는 만큼 빨리 식기도 하는 것으로 비유하여 '냄비근성(热锅性跟; rè guō xìng gēn)'이 있다고 비판받기도 한다.

중국은 평균이 없는 나라이다. 우리가 짧은 기간 동안의 중국여행을 통해서 보게 되는 중국의 모습은 그야말로 중국의 극히 일부분 일뿐이다. 이를 통해 중국이라는 커다란 나라에 대해 이러쿵저러쿵 가벼운 말을 하는 것을 삼가야 한다. 또한 길거리에서 흔히들 목격(目睹; mù dǔ)하는 눈에 좋지 못한 모습들로 모든 중국인을 판단하거나 평가해서는 곤란하다. 왜냐하면 그들은 중국사회를 움직일 수 있는 권력이나 부를 가진 대표적인 사람들이 아니기 때문이다. 중국에는 이들과 함께 보다 유기적인 관계 속에서 커다란 중국을 움직이는 보이지 않는 큰 손들이 존재하고 있음을 깨달아야 할 것이다.

# 문제없어

没问题

중국의 기업문화에서 가장 많이 쓰이는 말 중 하나가 바로 '没问题(méi wèn tí)'이다. 이 말을 한국어로 해석해 보자면 대략 '문제없어'정도로 보면 무난할 것이다. 하지만 이 말은 중국 기업문화에서는 일반적인 회화의 수준을 넘어 상당한 정도로 예의를 차리는 말(客气话:kè qì huà)로 진화했다. 따라서 기업 활동 중에는 한국어 의미대로 이 말을 맹신하다가는 큰 낭패를 볼 수가 있음을 명심해야 한다. 여러분이 중국인과 어느 정도 친숙한 인간관계가 성립되지 않은 상태에서 이 말을 듣게 된다면 정확한 근거 없이 이 말을 맹신해서는 안 된다.

중국회사와 무역거래를 하거나 개인적으로 상품을 구매(购买; gòu mǎi)할 때에는 각별한 주의를 요한다. 특히나 기업 간 처음 거래를 시작하는 경우에 상대방 회사에 대한 확실한 신용정보가 없는 경우라면 각별히 신경 써야 할 것이다. 처음 만남이나 거래에서 지나친 기대를 하게 될 경우 대부분의 중국회사들은 내가 원하는 모든 물건을 다 구해주거나 만들어 줄 수 있을 것처럼 말하기 때문이다. 중국인들 사이에서도 물건을 사거나 팔면서 흥정(讨价还价; tǎo jià huán jià)을 할 때 서로가 이 말을 잘 쓰곤 한다. 하지만 정확한 근거 없이 이 말을 100% 신뢰하다가는 예상치 못한 결과를 초래할 수 있으니 주의를 요한다.

필자의 경험을 하나 소개해보자. 중국에서 물건을 수입해 다가 한국의 도매시장(批发市场; pī fà shì chăng)에 물건을 내보낼 때의 일이다. 한번은 이미 거래관계가 있던 공장에 전화를 걸어 담당자와 통화를 하던 중에 그 공장에 없는 제품을 만들어 줄 수가 있느냐고 물어봤다. 담당자가 말하기를 '没问题(méi wèn tí)'란다. 시간적으로 촉박한 시점이었기에 자세히 확인하지 못하고 중국 제조사의 담당자 말만을 철떡 같이 믿고 일을 진행했다가 큰 손해를 본 적이 있다.

나중에 알고 보니 필자가 거래하는 공장에는 주문품을 찍어 낼 수 있는 금형이 없었고, 다른 공장에서 만들어 주는 것을 전제로 필자에게 문제가 없다고 말을 했던 것이었다. 한국인들은 이런 경우에 사실관계를 직접 설명하고 이해를 구하거나 해당업체를 직접 소개해 주는 식으로 일이 진행되지만 중국인들의 일처리 방식은 그렇지 않다. 자신이 가지고 있지 않거나 생산하지 못하는 물건일지라도 여기저기에 수소문(打听; dă tīng)을 해서 공급처를 알아내거나 중개를 통해 마진을 챙기는 것이 일반적이다. 특히나 국제간 무역거래에서는 이런 행태가 상존하고 있다. 장사 속으로 따진다면야 필자도 만만치 않지만 현지사정을 잘 모르는 터라 그냥 눈 뜨고 당할 수밖에 없었다. 이 사건 이후로는 중국인들과의 거래에서 필자가 직접 눈으로 확인하지 않은 일은 절대로 믿지 않는 습관이 생겼다.

이처럼 처음 일을 시작할 때에는 곧잘 '没问题(méi wèn tí)'라고 말하다가도 자신이 불리한 상황이 되면 습관적으로 언제 그랬냐는 식의 '没办法(méi bàn fǎ; 어쩔 수 없다)'라는 말을 자주 한다. 자신의 잘못이라기보다는 객관적인 상황이 어쩔 수 없다는 점을 강조하고 싶은 모양이다. 일종의 책임회피인 셈이다. 이런 문제는 개인적인 입장에서는 충분히 이해(理解; lǐ jiě)할 수 있다고 해도 기업 간 거래에서 가장 중요한 신뢰를 회복하지 못할 수 있다는 단점이 존재한다.

중국 유학시절 유학생과 유학생사무실 직원들과의 관계에서도 이런 문제를 접한 경험이 있다. 유학생이 부탁하거나 묻는 말에 대답할 때에도 처음에는 '没问题(méi wèn tí)'라고 말하다가도 나중에는 '没办法(méi bàn fǎ)'라고 말하는 경우를 종종 경험했었다. 기대심리가 크면 클수록 실망의 폭도 크게 마련이다. 정(人情味; rén qíng wèi)이 많은 한국인들은 크게 낙담을 하게 된다. 하지만 지나친 기대심리 역시도 실망의 폭을 넓히는 결과를 초래하게 되는 것이다. 세상 누구와의 거래에서도 자신이 모르는 일에 대해서는 성급하게 판단하지 말고 천천히 하나하나를 꼼꼼하게 확인하는 과정이 필요하다는 것을 잊지 말아야 한다.

MIDO

# 어쩔 수 없어

## 沒办法

어떤 한국인들은 중국의 어느 한 지역으로 여행을 와서 느끼고 본 것들을 한국으로 돌아가서는 이렇게들 말한다. '중국에 갔었는데 아 그 사람들이 마시는 술은 상당히 독하데' 또는 '중국에 다녀왔는데 그 사람들은 여자들한테 꼼짝을 못하는 거 같더라고' 등등.

하지만 이런 말들은 중국을 잘 이해하지 못하고 쉽게 말하는 겸손하지 못한 표현들이다. 일반적으로 중국의 북방 사람들은 높은 도수의 '바이저우(白酒; bái jĭu)'를 마시지만 남방 사람들은 '허저우(和酒; hé jĭu)'를 주로 마신다. 바이저우는 지역에 따라 다소 차이가 있기는 하지만 100% 곡주로서 알코올도수가 40도를 전후한 비교적 독한 술이며, 허저우는 남방지역 특히 상하이 사람들이 주로 잘 마시는 술로서 우리나라의 과실주와 비슷한 13도 정도의 알코올도수를 지니고 있다. 또한 중국의 남방지역(특히 상하이지역)에서는 여자가 남자보다 입김(分量; fèn liang)이 세게 작용한다. 상하이에서는 일반적으로 남자들이 여자들에게 힘을 못 쓰는 편이지만 북방에서는 남자들의 권위가 대단하기도 하다. 따라서 중국의 어느 한 도시나 지역을 관광하고 와서는 중국전체를 하나로 평가하는 이런 말들은 다분히 한국적 사고방식이라고 밖에는 말할 수 없을 것이다. 이런 경우에 중국인들은 한 마디로 '沒办法(méi bàn fă; 어쩔 수 없다)'라고 말한다.

중국은 지역에 따른 다양한 특성을 지니고 있는 나라이다. 그들이 구사하는 언어만도 서로 통하지 않는 대표적인 말(방언)이 중국 내 7개 종류가 있다. 우리가 잘 아는 홍콩(粤语; yuè yǔ)과 대만(闽南语; mǐn nán yǔ) 그리고 중국의 표준말이라 할 수 있는 북경어(普通话; pǔ tōng huà)는 서로 뜻이 통하지 않아 자국민들끼리도 통역이 필요하기 때문에 표준말을 구사하고 있는 것이다. 하지만 중국 전체적으로 중국인들이 공통적으로 하는 말이 있다. 그것은 바로 '没办法(méi bàn fǎ; 방법 없다)'이다.

중국인들과의 대화에서 항상 느끼는 것 중에 하나가 이들은 좋든 싫든지 간에 눈앞에 존재하는 현실을 모두 받아들이고 있다는 느낌을 받는 다는 것이다. 자신이 이해를 하고 있든 또는 그렇지 못하든 그들과의 대화 속에서 자주 등장하는 말이 '没办法(méi bàn fǎ)', 즉 '어쩔 수 없다' 또는 '방법 없다'라는 말인 것이다. 그들은 이렇게 말함으로써 부족한 현실을 받아들이고 수긍하면서 살아가고 있는 것이다.

중국 유학 시절에 누구든지 흔하게 목격하는 장면이 도로를 무단으로 횡단하는 사람들을 보는 일이다. 이런 현상들은 지방 도시로 갈수록 심하다. 빨간 불일 경우에 횡단보도를 건너는 것은 위법행위로 생각하는 사람들은 파란불을 기다리는 것에 습관이 되어 있지만 일부 중국인들은 지나다니는 차가 없는 경우 신호등에 구애받지 않고 자유롭게 길을 건너다닌다. 일반적으로 차를 운전하다가 사거리에서 우회전을 할 때 횡단보도를 건너는 보행자가 있는 경우 보행자 보호를 위해 일단 정지를 한다. 하지만 중국에서는 보행자보다는 차량이 먼저이기 일쑤다. 보행자를 아랑곳하지 않고 심지어 보행자를 보고 욕을 하는 운전기사도 종종 목격하게 된다. 안하무인이며 적반하장인 셈이다. 이런 현상들에 대해서 중국인에게 질문을 하면 뭐라고 대답할까? 그것은 바로 '没办法(méi bàn fǎ)'이다.

상하이 택시기사(司机; sī jī 또는 师傅; shī fu)들은 하루에 18시간을 일을 한다. 한 사람의 기사가 하루를 일하는 셈이다. 그래서 그들은 항상 피곤하다. 한국의 택시기사보다 훨씬 더 친절한 그들도 점심식사 후나 늦은 저녁 시간에 택시를 타게 되면 졸기 일쑤다. 졸음운전을 하는 택시기사를 매번 만날 때 마다 사회주의 국가에서 어떻게 하루에 18시간을 일할 수 있냐고 물어보았다. 회사에 이런 고충을 말해본 적이 있느냐고도 물어보았다. 하지만 돌아오는 그들의 대답은 모두 '没办法(méi bàn fǎ)'하나였다.

중국은 관료주의 사회 국가이다. 대학 현장에서 보자면 학과 교수보다는 학과 사무실에 근무하는 행정직원의 권위가 훨씬 더 세다. 상하이시 소재 대학들의 입학정원은 상하이시에 호적(户口; hù kǒu)을 가지고 있는 학생들에게 우선적으로 80%가 주어지고 그 나머지인 20%를 각 성(省; shěng)에 할당하여 배당하고 있다. 중국도 대학을 진학하려면 우리나라의 수능시험과 같은 대학입학시험(高考; gāo kǎo)을 본다. 하지만 전국 석차에 의해서 입학 가능한 대학순위가 정해지는 것이 아니다. 베이징(北京), 상하이(上海) 등 대도시 명문대학들은 자신들의 지역 안에 있는 학생들에게 우선적으로 배분을 하고 난 연후에 기타 성(省) 지역 수험생들에게 배정을 하기 때문에 지방에 거주하는 학생들은 상대적으로 불리한 조건으로 대학에 입학하게 되는 것이다. 일부 사람들이 이런 불합리한 제도 운영을 지적하고 있지만 유관기관에 항의를 해본들 돌아오는 대답

역시 결론은 '没办法(méi bàn fǎ)'이다.

우리나라 사람들은 아마 이런 현상들을 겪게 된다면 어떤 형태로든 불만이나 항의표시를 나타낼 것이다. 하지만 중국인들은 웬만해서는 입 바깥으로 그런 표현들을 하지 않는다. 소위 말해서 손들고 말하는 것이 아니라 몰래 발로 땅을 치면서 의사표현을 하는 것이다. 최근 들어 중앙정부나 지방정부의 불합리한 정책 시행에 대해 또는 부정부패 공무원들에게 항의하는 시위대를 종종 목격하곤 하지만 관련 뉴스가 매스컴을 통해 보도가 되는 적은 거의 없다. 하지만 시위대를 구성하고 항의를 하는 경우 경찰(公安; gōng ān)이 출동하여 시위대를 보호해 주는 광경도 종종 목격하기도 한다. 몇 년 전만 같아도 상상도 할 수 없는 광경이지만 민초들의 권리가 점점 보장되고 있다는 것을 느낀다. 최근의 이러한 변화 추이를 보면 언젠가 이들도 '没办法(méi bàn fǎ)'대신에 공개적으로 '为什么(wèi shén me; 왜)'를 말하는 날이 올 것이다.

한 가지 중요한 사실은 중국인들이 비록 '没办法(méi bàn fǎ)'를 외치지만 그렇다고 해서 그들이 아무런 생각 없이 살아간다고 여긴다면 커다란 오산이다. 그들도 마음속으로는 불합리함을 느끼고 공정함은 현실로 받아들이는 감정표현을 그들만의 방법을 통해 표현하고 있다. 단지 그들이 우리와 다른 것은 비교적 긴 시간이 필요한 것뿐이다. 장기간에 걸쳐 개선이 필요한 일들을 실현하기까지는 정책에 대한 대책(上有政策, 下有对策; shàng yǒu zhèng cè, xià yǒu duì cè; 정부에는 정책이 있고, 민초들에게는 대책이 있다)을 마련하며 스스로 살아갈 길을 만들어 나가고 있는 것이다.

SWAROVSKI
百货商店
观光车

# 화장실

洗手间

중국어에서 '화장실'을 나타내는 말에는 여러 가지 표현 방법들이 있다. 대도시에서는 洗手间(xǐ shǒu jiān)으로 통일되었지만 지방도시나 향촌으로 내려가면 아직도 便所(biàn suǒ; 변소), 厕所(cè suǒ; 측간), 化妆室(huà zhuàng shì; 화장실) 등의 글자를 눈으로 직접 목격할 수 있다. 또한 중국의 근현대 소설작품 속에서는 毛坑(máo kēng)이나 茅池(máo chí)와 같은 오래된 단어들이 등장하기도 한다.

중국에서 깨끗하고 편안한 화장실을 이용하기란 좀처럼 쉽지 않다. 이런 현실은 아마도 중국에서 유학생활을 해본 적이 있거나 중국으로 여행을 와본 적이 있는 사람들은 잘 알 것이다. 중국에 체류 중인 사람이 자기 집이나 기숙사를 나설 때, 또는 중국에서 여행 중인 사람이 호텔방을 나오게 되면 마음에 드는 공중 화장실을 찾기가 그리 쉽지 않다. 어쩌다 운이 좋아서 쉽게 찾았다 할지라도 위생적으로 만족할만한 화장실을 찾기란 쉽지 않은 일이다. 실제로 중국 내 대부분 여행지나 관광명소 안에 있는 공중화장실의 위생은 상당히 열악한 것이 사실이다.

필자 역시도 중국유학 시절 학교나 집밖을 나설 때는 화장실 위치를 파악해 두는 일이 가장 우선적으로 해결해야 하는 일 중의 하나였다. 중국 유학 초기 시절에 중국음식을 먹는 일이 미처 습관이 되지 않은 관계로 기름진 중국음식을 먹고 나면 이윽고 화장실을 가야하는 일이 발생하곤 했었다. 그 때마다 참으로 고통스런 시간들을 참아냈었던 기억들이 아직도 생생하다. 지금은 베이징(北京)이나 상하이(上海)와 같은 대도시에서는 공중화장실 찾기가 전에 비해 수월해지긴 했지만 지방도시나 향촌으로 여행이나 출장을 가게 된다면 아직도 여전히 가장 불편한 일상 중의 하나가 바로 공중화장실 사용문제일 것이다.

우리나라에는 곳곳에 화장실이 있어 집을 나서도 화장실 사용문제로 고민하는 경우는 거의 없을 것이다. 하지만 중국에서 생활하려면 곳곳에 화장실 위치를 파악해 두어야 한다. 화장실문화에서 중국이 한국과 다른 점은 여러 가지가 있다. 우선 중국 대도시 지하철역에는 일반적으로 화장실이 없다. 2008년 베이징 올림픽과 2010년 상하이엑스포를 개최하면서 다소 좋아지기는 했지만 대도시 일부 지하철역에 화장실이 있을 뿐, 아직도 대부분의 지하철역사 안에는 화장실이 없으며 특히나 길거리에서 화장실을 찾기란 쉽지 않은 일이다.

우리나라의 경우에는 집을 나서면 백화점이나 호텔과 같은 공공장소에서 비교적 편하게 화장실을 사용할 수 있다. 하지만 중국에서는 이런 장소에서 화장실을 찾기가 쉽지 않다. 우리나라도 그렇지만 중국 내 대부분의 백화점 1층에는 화장실이 없다. 2층부터 있는데 물어물어 잘 찾아가야 한다. 또한 화장실 표시 팻말을 찾기가 아주 힘들다. 해서 몇 번 쯤 가본 장소라면 습관적으로 화장실 위치를 알게 되겠지만 처음으로 가보는 장소라면 화장실 찾기가 만만치 않은 일이다. 또한 어쩌다 쉽게 화장실을 찾는다 하더라도 비위생적이거나 장소가 협소하여 사용하기에 불편함이 있는 경우도 부지기수다.

중국 화장실 문화의 또 하나의 특징은 화장실도 집단적으로 이용하게끔 되어 있다는 것이다. 우리나라도 과거 한 때에는 고속도로 휴게소와 같은 장소에 단체용 소변시설이 설치되어 있었던 적이 있었다. 하지만 지금은 대부분 없어졌는데 중국은 아직도 많은 곳에 설치되어 있는 것을 쉽게 볼 수 있다. 필자가 경험한 바에 의하면 중국의 초중고교 및 대학교 내 남자 화장실은 개별 소변기가 있는 곳이 드물다. 근래에 지어진 새 건물들은 다소 변화가 감지되기는 하지만 아직도 학교 내 대부분의 남자 화장실은 개별 소변기보다는 단체로 소변을 볼 수 있도록 설치되어 있다. 심지어 큰일을 보는 곳 또한 단체로 되어 있는 곳도 적지 않다. 이런 현상은 사립학교보다는 국공립학교가 더 심하며, 대도시보다는 지방도시나 시골로 가면 더욱 더 심각한 것이 현실이다.

중국에서의 이런 화장실 문화는 중화인민공화국 건국 이래 집단생활을 했었던 당시의 사회상을 단면적으로 보여주고 있는 것이다. 사회주의 국가건설 초기에는 사람들이 많이 모이는 학교나 병원 그리고 기차역 등의 장소에서는 대량의 화장실 시설이 필요했다. 사람들이 많이 모이면 모두가 동시에 일을 보고 한 번에 뒤처리를 하는 것이 상대적으로 물을 절약할 수 있었다. 이런 사회문화적 습관들이 모여 대부분의 화장실은 단체로 일을 보게끔 설계되었던 것이다. 하지만 개혁개방이후 사회경제발전에 따라 집단적 조직이 점차적으로 세분화되어가면서 단체적으로 행해지던 일들이 개별화되기 시작한 것이다. 그러나 사람들의 화장실에 대한 의식구조는 여전히 옛날 모습으로 그대로 남아있어 잘 바뀌지 않고 있는 것이다.

필자가 처음으로 중국을 방문했었던 1995년도만 하더라도 베이징, 상하이, 남경 등과 같은 대도시 지역 공중화장실에는 문이 달려 있지 않았었다. 화장실 칸 사이의 벽의 높이 역시도 보통 사람 앉은키 정도의 높이로만 담이 세워져 있었기 때문에 서서 소변을 보는 사람들에게 쉽게 신분 노출이 되곤 했었다. 정도가 심한 곳은 아예 벽 사이에 칸막이가 없는 곳도 있었다. 2004년까지만 하더라도 베이징의 관광명소인 창청(长城)이나 이허위앤(颐和园)의 공중화장실에는 문도 없고 칸막이도 없었다. 지금은 베이징이나 상하이와 같은 도시지역은 화장실에 문이 달려 있지만 필자가 처음 중국을 오가던 90년대부터 2000년대 초중반까지만 하더라도 이들 대도시 공중화장실에는 문이 달려 있지 않았었다. 외국인 전용 백화점이라 할 수 있는 요우이(友谊) 호텔 화장실에도 문이 없었다. 상하이나 난징과 같은 대도시 기차역 화장실에도 문이 달려 있지 않았었다. 지금은 이들 대도시 기차역들이 모두 현대식 건물로 멋진 역사를 만들어 놓았지만 그 당시에는 보잘 것 없었던 것이 사실이다.

중국의 지방도시나 향촌으로 가보면 이보다 정도가 훨씬 더 심각하다. 1996년에 학생들과 함께 백두산(长百山; cháng bǎi shān) 여행을 간 적이 있었다. 투먼(图门; tú mén)역에 내려 20인승 버스를 예약하고 백두산으로 향했다. 투먼에서 백두산까지 가는 길에서 화장실이 급했었는데 3시간쯤 달리고 나서야 '厕所(cè suǒ)'라고 쓰여 있는 곳을 발견하게 되었다. 화장실건물은 나무로 지어져 있었는데 양쪽 끝에 빨간색 글씨로 '男厕(nán cè)'와 '女厕(nǚ cè)'라고 적혀 있었다. 버스에서 내린 남녀 학생들이 급하게들 화장실로 뛰어갔는데 잠시 후에 여학생들의 비명소리가 들려왔다. 나중에 알고 보니 양쪽 끝으로 들어간 남녀 학생들이 화장실 안에서 서로 만나게 되어 있었던 것이다. 들어가는 입구만 다를 뿐 일을 보는 곳은 앉은키 높이의 벽만 있을 뿐 허리 윗부분은 서로가 서로를 다 쳐다볼 수 있는 구조로 되어 있었고 칸막이도 없었던 것이다. 순간 당황스럽기도 하고 우습기도 했는데 지금 생각해보면 서로 다른 화장실문화가 빚어낸 재미있는 에피소드이며 추억이다.

필자가 중국을 여행하면서 느끼는 불편함 중에서 지금도 쉽게 개선되지 않고 있는 부분이 화장실 사용문제이다. 중국의 대부분 지역 화장실은 아직도 그리 위생적이지 못한 것이 현실이다. 물론 부유층 저택이나 5성급호텔 등과 같은 장소는 문제가 없을 것이다. 하지만 일반 서민들이 사는 주택단지나 지방도시 그리고 농촌지역으로 가보면 화장실문화가 그리 위생적이지 못한 것이 외면할 수 없는 현실이다. 하루 빨리 중국의 화장실 문화가 선진화될 수 있기를 바라본다.

# Chapter IV

# 수평적 조직문화

平起平坐

중국에서 기업 활동을 하려면 중국의 기업문화를 이해해야 한다. 기업 활동이란 궁극적으로 사람들이 모여 만들어가기 때문에 중국인들의 기업문화를 이해하는 것은 중국인들을 대상으로 하는 기업 활동 중에서 상당히 중요한 부분이다. 한국기업의 조직문화는 수직적이지만 중국기업의 조직문화는 수평적 구조를 띤다. 직급에 의한 상하구분은 분명히 존재하지만 이를 명분으로 강압적인 업무지시를 하는 행위는 존재하지 않는다. 이런 문화적 차이로 인해 한국인들이 중국에서 기업 활동을 할 때 예상하지 못하는 결과를 맞이하기도 한다. '平起平坐(píng qǐ píng zuò)'는 바로 이런 수평적 조직문화를 나타내는 평등주의의 실현인 것이다.

중국 로컬 중고등학교에서 국제부 원장으로 근무할 때의 경험이다. 중국 로컬 중고등학교에는 교장(校长; xiào zhǎng)은 1명이지만 부교장은 여러 명이 있는 것이 보통이다. 학교장은 보통 공산당 당원인 사람들이 주로 맡는다. 이 때문에 부교장 중에는 정치적인 배려에 의해서 공산당 당원이 아닌 민주당파 사람들에게 배당하기도 한다. 사립학교(民办学校; mín bàn xué xiào)의 경우에는 학생모집을 위해 필요한 사람에게 부교장 자리를 주기도 한다. 부교장 보직은 보통 적어도 3명에서 많은 경우에는 5명 이상이 있는 학교도 볼 수 있었다. 주의할 것은 직급은 부교장이지만 주변 사람들은 이들을 모두 '시아오장(校长; xiào zhăng)'이라고 부른다. 중국식으로 해석하자면 체면을 살려주는 것이다.

국제부 관련 업무를 볼 때 교장과 상의(商量; shāng liáng)를 하고 한 가지 일을 진행한 적이 있었다. 이 과정에서 한 가지 경험하게 된 사실이 있다. 한국에서는 교장의 지시사항이 말단까지 일사분란하게 전달이 되지만 중국에서는 그렇지 못하다는 사실을 알게 된 것이다. 부교장들은 모두 나름대로의 자기 업무 분야가 있는데 자신들의 고유 업무 분야에 있어서는 존중을 받는다. 그렇기 때문에 학교장의 지시사항이 일사분란하게 이들에게까지 전달되지 않는다. 물론 학교장이 강제적으로 업무 지시를 할 수도 있겠지만 일반적으로 그렇게 강제적인 지시는 하지 않는다.

교육부 공무원들과의 교류에 있어서도 모든 직급의 사람들이 자신들의 고유 업무 영역에 있어서는 상사들의 지시를 받기보다는 상사들과 유기적인 관계를 형성하고 있다고 봐야 할 것이다. 이런 유기적인 관계는 조직문화 전반에 걸쳐 폭 넓게 자리 잡고 있다. 이런 것이 바로 중국사회에서 존재하고 있는 관계(关系; guān xi)문화라고 하는 것이다. 중국의 조직문화는 이런 관계문화로부터 기본을 형성하고 있기 때문에 주의를 요한다.

중국의 관계문화는 서로를 인정하는 조직 문화로 연결되어 있다. 이 때문에 중국에서 사업을 하려면 관련 조직 전체 사람들과의 관계를 돈독히 해야지 만이 본인에게 유리한 인간관계를 형성할 수 있게 된다. 이 때 반드시 명심해야 할 것은 수직적 관계를 만들지 말고 수평적 관계를 형성해야 한다는 사실을 잊으면 절대 안 된다는 사실이다. 한중수교이후 한국기업들의 중국진출 초기에는 이에 대한 이해가 부족해 상하직급 간 때때로 마찰(冲突; chōng tū)을 빚기도 하였다. 그러나 문화란 비평의 대상이 아니라 받아들여야 하고 학습해야 하는 대상이라는 사실을 알게 된 이후에는 한국기업들도 현지화 작업에 들어가 이제는 다소 안정적인 발전을 도모하고 있다.

중국기업들의 수평적 조직문화는 오랜 역사적 바탕에 근거한다. 한 가지 재미있는 스토리를 소개해보자. 청(淸)나라 시기에 조선(朝鮮)은 매년 청나라의 수도인 연경(燕京)으로 조공을 바치기 위해 사절단을 보냈었다. 김창업(金昌業)이 쓴 〈老稼齋燕行日記〉를 보면 다음과 같은 내용의 기록이 보인다. 조선의 사절단은 관리, 군관, 중인과 부역자들로 구성되어 있는데, 관리나 군관 그리고 중인들은 가마나 말을 타고 지나가고, 부역을 맡은 관노나 사노들은 무거운 짐을 어깨에 둘러메고 빠른 발걸음으로 일행을 따랐다고 한다. 연도에서 조선사절단의 이런 광경을 지켜보던 그 당시 청나라 사람들은 청나라에서는 먼 길을 떠날 때 주인이나 종이나 모두 말을 타지만(主骑马, 奴亦骑马), 조선사절단의 모습을 통해 조선의 신분제도가 청나라보다 엄격하다 말하면서 신기해했다는 기록이 보인다. 유교문화의 발원지라고 할 수 있는 중국에서조차도 상하 신분관계는 보이지 않게 존재하고 있는 반면, 조선에서는 실질 생활 속에서 신분의 상하관계가 뚜렷하게 나타나고 있다는 점이다. 이처럼 문헌을 통해서도 한중간의 신분제도의 엄격한 차이점을 느낄 수 있다.

한국의 기업문화에서 기업의 오너와 비서 사이에는 보이지 않는 절대 권력이 느껴진다. 오너가 비서에게 말을 함부로 하고 절대적인 지시를 내리는 경우를 쉽지 않게 목격할 수 있다. 하지만 중국의 기업문화에서 기업의 오너와 비서는 상호공존관계에 놓여 있다. 신분상의 이유로 하대를 받거나 무시당하지는 않는다. 중국 유학시절 중국 로컬 고등학교의 교장선생님과 함께 식사를 한 경험이 있었다. 교장선생이 필자에게 알려준 식당은 그 지역에서 상당히 이름있는 식당이라 한 끼 식사비용이 제법 비싼 곳이었다. 그 날은 필자가 재중 한국영사관의 영사님을 한 분 모시고 통역을 위해 배석한 자리였는데 교장 선생님과 함께 식당으로 들어 온 또 한 명의 중국인이 있어서 필자는 처음에는 학교 선생님이나 또는 통역(翻译; fān yi)을 위해 배석한 사람일 것이라고 예상했었다. 우리는 네 명이 함께 앉아 식사를 했는데 이 사람이 식사를 마치자마자 바로 나가있겠다고 말하면서 나가는 것이다. 나중에 알고 보니 이 사람은 교장선생님을 모시고 온 운전기사(司机; sī jī)였다. 이 일은 필자에게 신선한 충격으로 다가왔었다. 훗날 알게 되었지만 한국에서는 일반적으로 이런 일이 발생하지 않지만 중국에서는 그리 낯설지 않은 모습이다.

중국인들은 상대방에게 웬만해서는 화를 잘 내지 않는다. 중국인들의 이런 특성은 상대방을 존중하고 배려하고자 하는 문화적 배경이 있는 것이다. 중국인들과의 거래나 교류에서 내가 마음에 들지 않는다고 해서 중국인들에게 화를 내(发火; fā huǒ) 본 경험이 있는가? 그렇다면 십중팔구는 여러분이 얻고자 하는 결과를 얻지 못했을 것이다. 중국에는 체면(体面; tǐ miàn)을 중시(重视; zhòng shì)하는 문화도 있거니와 내 밥그릇을 지키고자 하거나 남의 밥그릇을 지켜주고자 하는 관계문화가 있기 때문에, 내 이익을 지키고자 불합리한 부분에 대하여 중국인들에게 화를 낸다고 해서 그 문제가 결코 해결되지 않는다. 화를 내게 되면 오히려 나와의 관계를 단절시키는 결과를 초래하게 되어 영영 관계 개선이 안 될 수도 있다.

중국인들의 이런 문화는 단기간에 형성된 것이 아니라 오랜 역사적 배경을 지니고 있다. 서양 국가들과는 달리 종교가 발달하지 않고 자연친화적인 철학 사상들이 발달한 것이 그 예이며, 그러한 기초를 튼튼히 받치고 있는 것이 바로 인본사상(以人为本; yǐ rén wéi běn)인 것이다. 서로 다른 생활환경 속의 문화와 언어를 공유하며 살아가는 소수민족들이 존재하며, 이로부터 서로의 존재가치를 인정하며 공존해나가는 문화가 자연스럽게 정착된 것이다. 서양 국가들이 유일신으로 대표되는 각각의 종교를 만들어낼 때 중국인들은 음양오행설에 입각하여 인간 삶을 해석하려 노력하였고, 이로부터 서로를 이해하고자 하는 천인합일(天人合一) 사상을 만들어 낸 것이다. 중국인들의 이런 사상적 가치들은 현재에도 여실히 반영되고 있다. 그 대표적인 예가 바로 화(和; hé)사상이다. 이는 서로의 존재가치를 인정함으로써 공존을 모색하고자 하는 공동체의식의 발로이다. 서양 국가들이 정의를 바탕으로 하는 경쟁의식을 국가발전의 원동력으로 삼았다면 중국인들은 균형 잡힌 화(和)사상을 바탕으로 하는 음양의 평형감각을 중시해 왔다고 보면 될 것이다.

그렇다면 중국인들과 마찰이 생겼거나 분쟁(纠纷; jiū fēn)이 발생했다면 어떻게 해야 할까? 만약 기업내부의 문제라면 다른 중국인을 고용해서 중국인들끼리 문제를 해결할 수 있도록 배려하면서 관계개선에 나서야 할 것이다. 물론 중국문화를 이해하는 한국인도 이런 일들을 해결할 수 있겠지만 어설픈 사람이라면 아예 손도 대지 않는 게 좋을 것이다. 공무원이라면 때를 기다려야 할 것이다. 때를 보고 있다가 관계 개선을 먼저 시도한 후에 내가 원하는 바의 내용을 전달해야한다. 명분(名分; míng fèn)과 실리(实利; shí lì)를 구분하여 전달하고자 하는 내용을 확실히 상기시킨다면 여러분이 원하는 또 다른 기회를 얻을 수 있을 것이다. 이때 주의할 것은 명분과 실리 중에서 하나를 택해야 한다는 것이다. 한국인들은 혼자서 다 가지려는 경향을 보이는데 중국에서는 잘 통하지 않는다. 소위 말하는 중용(中庸)의 미덕을 보임으로써 더불어 사는 관계를 형성해야 한다.

광활한 대지에서 다양한 소수 민족들이 함께 생활하는 중국대륙에는 서로가 서로를 존중하는 문화가 있다. 내가 상대방을 존중하는 것은 상대방이 위대하거나 내가 못났기 때문이 아니다. 그것은 바로 나를 보호하는 가장 좋은 방법이며 나 스스로의 인격을 치켜세워주는 훌륭한 거래(交往; jiāo wǎng)인 것이다. 남에게 베푸는 관용(宽容; kuān róng)의 정신을 좀 더 넓게 생각해보면 내가 행복하기 위해서라는 것을 잘 알게 될 것이며, 이는 또한 나의 적을 만들지 않는 길이기도 한 것이다. 중국인들의 현세적인 지혜가 돋보이는 부분이다.

# 법보다 관계

## 上有政策，下有对策

이 말은 '国家有政策而老百姓有対策(guó jiā yŏu zhèng cè ér lăo băi xìng yŏu duì cè)'라고도 한다. 이 말의 의미는 '국가에는 정책이 있지만 백성들에게는 (국가 정책에 대한)대책이 있다.'라는 뜻이다. 중국에서 사업을 해 본 경험이 있는 사람들이라면 한번쯤은 중국에서의 관계법령이라는 것이 언제나 또는 누구에게나 일률적으로 적용되지 않고 있다는 사실을 느껴봤을 것이다. 같은 범법사안에 대하여 누구는 죄를 묻고(鸡蛋里找骨头; jī dàn lĭ zhăo gū tóu) 누구는 죄를 묻지 않는(姑息纵容; gū xī zòng róng) 현실이 존재한다.

이 말은 국가정책에 대한 현실적인 시행이 어려울 경우 융통성(灵活; líng huó)을 발휘할 수 있다는 말로 해석할 수 있겠지만, 반대로 이 때문에 각종 부조리와 비리가 발생하는 하나의 원인을 제공하고 있다고도 볼 수 있다. 이는 겉으로는 국가의 정책을 아무런 문제없이 따를 것처럼 말하지만 실제 집행과정에서는 따르지 않는(阳奉阴违; yáng fèng yīn wéi) 부정적인 결과를 초래하기도 한다. 이런 이유로 필자 역시도 중국에서 살면서 느끼게 되는 현실적인 말은 '중국에서는 되는 것도 없지만 안 되는 것도 없다.' 또는 '중국에는 평균이 없다.'라는 현실적인 말을 하고 싶다.

중국은 원칙적으로 중앙집권적인 국가형태를 띠고 있지만 그 속을 자세히 들여다보면 독특한 지역특색을 유지하고 있는 것을 볼 수 있다. 여러분들도 잘 알고 있는 바와 같이 중국은 현재 1국가 2체제를 시범적으로 운영하고 있다. 대륙과 홍콩을 서로 다른 국가 체제로 운영하고 있는 것이다. 이를 통해 알 수 있듯이 국가체제가 다름에 따라 법률까지 서로 다른 양상을 보이고 있는 것이다. 사실 말은 간단하지만 이를 실행으로 옮기고 있는 중국의 정치적 스케일은 결코 작지 않다. 대만(台湾)에 대한 중국정부의 입장은 견고하다. 지금은 정치적으로 상이한 체제를 유지하며 서로 떨어져 있지만 대만도 언젠가는 중국으로 복귀시켜야 한다는 생각인 것이다. 이처럼 양안(两岸)문제에서 정치적으로는 첨예하게 대립하지만 경제적인 실리를 위해서는 필요한 조처를 취하고 있는 것을 볼 때면 역시 대국답다는 느낌을 갖게 된다. 대만과의 경제적인 교류를 위해 그동안 단절되어 있었던 항공기 운항을 재개한 것이 대표적인 한 예라고 말할 수 있을 것이다. 이러한 일련의 조치들은 정책과 대책 사이의 융통성을 발휘하고 있는 현실주의적 정치노선이라고 말할 수 있을 것이다. 이는 명분과 실리를 나눠서 상호 공존하고자 하는 현실정치의 방편인 것이다.

우리나라는 지방자치를 한다고 하지만 중앙정부가 아직도 상당히 막강한 권력을 놓지 않고 있다. 이 때문에 지방정부가 중앙의 눈치를 보는 현상들을 가끔씩 목격하게 된다. 하지만 중국에서는 중앙정부나 기구가 지방정부 또는 지자체 여러 단체들과 상당히 유기적인 관계 속에서 융통성을 발휘하고 있는 것을 종종 발견하게 된다. 한 예로 상하이시교육위원회에서 내려오는 문건의 지침들은 상하이시 각 구(区) 소재 교육국에 전달되는데 이는 다시 각 구 현실에 맞도록 수정되어 일선학교로 전달되어 실행되고 있었다. 각 구마다 각기 다른 현실을 반영하여 운영하고 있는 것이다. 우리나라 같으면 생각하기 힘든 일이다. 이런 과정에서 혹시라도 문제가 발생할 경우에는 커다란 문제가 아니라면 담당자는 문책을 받지 않으며 관료들의 상하 관계(关系; guān xi)문화 속에서 보호를 받는다. 이런 경우에 하는 말이 바로 '上有政策, 下有对策(shàng yǒu zhèng cè xià yǒu duì cè)'인 것이다.

이 말은 또한 국가정책과 민초들 사이에서만 존재하는 것은 아니다. 국가정책에 있어서도 커다란 명분아래 세수확장을 위한 실리를 챙기고 있기도 하다. 하나의 예를 들어보자. 현행법에 의하면 중국에서는 결혼한 부부가 한 가정을 이루게 되면 단지 한 명의 아이만을 낳을 수 있다(计划生育; jì huà shēng yù 산아제한). 물론 이 법률조항도 농촌지역이나 소수민족의 경우에는 예외를 적용받아 두 자녀를 가질 수 있도록 되어 있다. 도시에 주거하는 사람들도 결혼하려는 신혼부부가 모두 독자(独生子女; dú shēng zì nǚ)일 때에는 2명의 아이를 날 수 있다. 만약 이런 규정을 어길 시에는 벌금(罚款; fá kuǎn)을 부과하는데, 이 때 부과되는 벌금 또한 일률적이지 않다. 학교 교사 및 정부의 공무원들은 이 법을 위반하게 되면 즉시 파면하도록 규정되어 있으며, 일반 민초들은 개개인의 수입에 따라 서로 다른 벌금액이 산정된다. 농촌에서 아이 둘 이상을 낳게 되면 인민폐 20,000위안 정도를 벌금으로 내지만 대도시에서는 실제 수입에 근거하여 형편에 따른 벌금을 부과하게 된다. 필자가 아는 사람도 원치 않게 둘째 아이를 낳게 되었다는데 무려 300,000위안을 벌금으로 냈다고 한다. 이 사람은 자영업(个体户; gè tǐ hù)을 하고 있었는데 연 소득(年薪; nián xīn)이 500,000위안 정도였다고 한다. 연소득을 감안하여 비교적 무거운 벌금형을 선고받게 된 것이다. 이를 통해 국가는 재정적 실리를 얻고 위법을 저지른 민초들에게는 경각심을 일깨우는 일석이조(一举两得; yī jǔ liǎng dé)의 정책을 펴고 있는 것이다.

중국에서 생활을 하게 되면 때에 따라서 운전을 하게 되는 경우가 있다. 한국인이 미국, 유럽, 일본 등 다른 나라에 가서 운전을 하게 될 때는 한국에서 국제운전면허증을 신청해서 가지고 나가면 운전을 할 수 있다. 하지만 중국과는 관련 협정이 맺어지지 않아서 별도의 운전면허시험을 봐야 한다. 만약 한국 면허증이 있다면 필기 시험(笔试; bǐ shì)만 보면 된다. 물론 한국어로 작성된 시험지(问卷; wèn juǎn)를 신청하여 한국어로 시험을 볼 수도 있다.

운전을 할 때 1년에 벌점(扣分; kòu fēn)이 12점을 초과하게 되면 면허정지가 된다. 하지만 중국의 도로교통 현실에서 이 규정을 지키기란 그다지 쉽지 않은 게 현실이다. 주차금지 2점, 차선위반 3점, 속도위반(超速; chāo sù) 3점이며, 신호정지위반의 경우 벌점이 6점이나 된다. 1년에 신호정지위반을 두 차례 범하게 된다면 바로 면허가 정지되는 것이다. 요즘 중국도 도로교통상황(路况; lù kuàng)을 파악하기 위해 많은 CCTV(电子警察; diàn zǐ jǐng chá)를 설치해 놓았다. 대도시 대부분의 고가에는 속도위반이나 끼어들기 위반 차량에 대한 단속을 위해 CCTV가 설치되어 있는데, 이 역시도 위반 시 벌점이 부과된다. 한 가지 재미있는 사실은 내가 운전을 하다가 벌점을 초과하게 되면 다른 사람의 운전면허증(驾驶证; jià shǐ zhèng)으로 벌점을 정리할 수가 있다는 사실이다. 예를 들어 한 사람의 벌점이 24점이 나올 경우 세 사람의 운전면허를 가지고 가서 8점씩을 나눠서 벌점정리를 할 수가 있다. 교통경찰서 주변에는 이를 위해 벌점을 대신 정리(代扣分; dài kòu fēn)해주고 돈을 받는 브로커(黄牛; huáng niú)까지 성행하고 있는 실정이다. 이런 현상을 두고 할 수 있는 말이 바로 '上有政策, 下有对策(shàng yǒu zhèng cè xià yǒu duì cè)'인 것이다. 하지만 이런 현상은 유전무죄(有錢無罪), 무전유죄(無錢有罪)라는 사회적 불합리와 불평등을 조장하는 요소(因素; yīn sù)로 작용하고 있어 중국정부가 정책적으로 많은 부담을 안고 있는 것이 실정이다.

여러분들은 중국의 이런 현실을 두고 어떤 관점을 지니고 있는가? 대부분의 한국인들은 이런 부조리를 보면 후진국이라고 치부해 버릴 줄 모르겠다. 하지만 필자는 좀 다른 생각을 한다. 문화는 상대적인 것이며 비교의 대상이 될 수 없다. 그렇기 때문에 로마에 있을 때는 로마법을 따라야(入乡随俗; rù xiàng suí sú) 한다는 것이다. 우리의 사고방식으로 우리와 다른 나라 사람들의 문화를 비교하고 평가하여 우위를 나누는 것은 참으로 어리석은 일이다. 오히려 상대국 문화양식에 가능한 한 빨리 적응하려 애쓰고 노력하는 사람만이 글로벌 리더로 평가받을 수 있을 것이다.

필자는 중국에 살고 있다. 매일처럼 중국인들과 함께 호흡하며 산다. 이런 필자가 중국에서 생활하고자 하는 한국의 젊은 사람들에게 들려주고 싶은 위로(安慰; ān wèi)의 한 말씀이 있다. 중국에서는 현실적으로 법률에 따른 일체의 행동이 법률로 보장받을 수 없는 경우가 존재하며 또한 반대로 법률을 위반했지만 법률로써 구원을 받을 수도 있다는 말을 해주고 싶다. 중국은 평균이 존재하지 않는 나라이며 지역 간 편차가 심해 지역적인 특색을 지니고 있다. 이렇기 때문에 여러분의 다양한 아이디어가 중국적 현실에 맞지 않는다고 포기하지 말고 다양한 노력으로 실천 가능한 방법을 찾을 수 있을 것이라는 긍정적인 희망의 메시지(口信; kǒu xìn)를 전달하고 싶다. 젊은이들이여, 광활한 대지와 수많은 발전 잠재력을 담고 있는 미래 중국에 한 번 도전해 보시라. 여러분들의 장밋빛 인생설계를 중국에서 해보기를 적극적으로 권장하고 싶다.

# 로마에서는 로마법을 따르라

## 入乡随俗

불교의 선종 사찰 용어에 등장하는 '入乡随俗(rù xiàng suí sú)'라는 말은 불가사의한 효능을 나타내는 말로써 현재까지도 사용되고 있다. 중국어에서 이 말은 어디에 가든 지간에 사람들의 행동거지는 그 지방의 풍속을 따라야 한다는 의미로 쓰이고 있다. 영어에서도 이와 같은 표현으로 'Do as the romans do'라는 말을 하는데, 이는 사람들에게 '로마에 있을 때에는 로마법을 따르라'고 충고해준다. 중국인들은 이 말을 随遇而安(suí yù ér ān)의 뜻으로 받아들이는데 이는 '入乡随俗(rù xiàng suí sú)'라는 말을 좀 더 현실적으로 해석한 말로 그 의미는 '能适应各种环境, 在任何环境中都能满足(어떠한 환경에도 잘 적응하고 만족하다)'로 풀어볼 수 있다. 현실적이며 현세주의적인 중국인들의 심리를 잘 반영해 주는 말이다.

문화는 상대적인 것이다. 한 나라의 문화는 그 나라 사람들의 독특한 생활양식이 반영되어 있는 정신적인 유산으로서 이해의 대상이 아니라 체득(体会; tǐ huì)해야 하는 것이다. 한 끼 식사를 위해 누구는 쌀밥을 먹고, 누구는 국수를 먹고, 또 어느 누구는 스테이크를 먹을 수 있는 것이다. 누군가가 무엇을 먹을 것인가는 선택의 문제일 뿐이며 강요의 대상이 될 수는 없는 것이다. 이런 이유로 한 나라의 문화는 존중받아야 하는 것이며 문화제일주의 또는 문화선진

주의 사고는 위험한 발상이 될 수 있다. 왜냐하면 이는 주관적(소수)인 판단이 객관성(다수)을 지배하면서 문화의 다양성을 훼손(损毁; sǔn huǐ)할 수 있기 때문이다.

중국에는 한족(漢族)을 중심으로 56개 소수민족이 공존하고 여러 가지의 방언들이 사용되고 있다. 지리적으로도 창지앙(长江; cháng jiāng)을 중심으로 남북으로 나뉘면서 다양한 지역색을 띠고 있다. 이런 현실적인 이유로 중국인들은 예부터 지역이 서로 다른 사람들끼리 서로의 문화를 존중하고 서로의 존재가치를 인정하면서 공존해 오고 있는 것이다. 이런 문화적 배경으로 중국인들의 대화에는 처음부터 상대방을 공격하거나 상대방의 말을 부정하는 식의 직설적 화법을 경계하는 습관이 생기게 되었다. 중국에서 기차 여행을 해보면 다양한 지방 사람들을 만나볼 수 있는데 옆자리에 앉아 있는 처음 보는 상대방과의 대화에서 가장 처음 물어보는 말이 바로 '你是哪里的(nǐ shì nǎ lǐ de; 당신은 어느 지방 사람입니까)?'이다. 상대방과 대화를 시작할 때 상대방에 대한 이해를 가지고 조심스럽게 대화를 꺼내고자 하는 것이다. 중국인들은 대화과정에서도 먼저 상대방이 살고 있는 지역에 대한 관심의 말로 대화를 시작하는 것이 상례적이다. 절대로 먼저 자기가 살고 있는 지방에 대한 자랑을 늘어놓지 않는다.

여러분들은 타인과의 대화에서 어떻게 말을 풀어 가는가? 혹시라도 상대방에게 당신의 생각에 동의하라고 강요하지는 않는가? 당신은 상대방과의 대화에서 당신이 원하는 결론을 얻어내기 위하여 상대방에게 일방적인 강요(强迫; qiǎng pò)를 원하고 있지는 않은가?

흔히들 한국 사람들은 토론문화에 익숙하지 않다고 말한다. 이런 문화적 배경에는 여러 가지가 있을 수 있겠지만 필자는 가장 커다란 요인을 대한민국의 교육적 환경에서 찾을 수 있다고 생각한다. 한국의 학교교육은 일방통행이다. 교사의 권위는 절대적이며 학생들의 의식은 교육과정에 제대로 반영되어 있지 않다. 대부분의 학교교육은 입시위주의 주입식(填鸭式; tián yā shì)교육으로 학생 자신들의 생각이나 사상이 교육과정에 반영되지 못하고 있다. 이는 학생들의 다양한 지식성장을 저해하는 커다란 요인으로 작용하고 있다. 또한 가정에서 부모의 자녀에 대한 교육방식도 대체적으로 일방적이다. 자녀의 진로문제는 대부분 부모가 원하는 바의 직업을 결정하게 되는 것이 보편적이다. 사회적으로도 나이나 지위가 낮은 사람들의 생각이나 의견들은 그다지 존중받지 못하는 구조를 지니고 있다. 이처럼 대부분의 한국인들은 어려서부터 누군가가 만들어 놓은 틀 안에서 무조건적으로 강요받고 자라왔기 때문에 자신의 생각이나 주장을 타인들과 공유(共享; gòng xiǎng)하는 노력의 과정인 토론에 익숙하지 못한 것이다.

재학시절 피카소의 그림을 보면서 김소월의 시를 읽으면서 모두가 정해진 느낌들을 나에게 강요한다는 느낌을 지울 수 없었다. 내가 느끼는 그들의 작품들은 기존의 해석과는 다른 느낌을 갖고 있었지만 쉽게 무시당하곤 했었다. 사람들은 모두 흑백논리의 양분법적 사고에 갇혀 있었다. 나와 생각을 달리하면 바로 적으로 간주(看做; kàn zuò)되고 내편이 아니면 바로 남이 되어 버렸다. 국가발전의 당위성 논리로부터 모든 사람들은 생각의 통일을 강제로 강요받았으며 사회발전의 원동력인 의견의 다양성(多元个性; duó yuán gè xìng)과 개인의 행복추구권은 미래의 어느 한 시점에 저당 잡히고 말았다.

필자가 중국의 모 대학 교수와 함께 그가 한국에서 박사공부를 할 때의 경험을 들었던 일화(故事; gù shi)를 소개해보자. 한번은 지도교수(导师; dǎo shī)와 함께 토론수업을 하는데 지도교수가 자신의 학생들에게 어느 하나의 주제를 주고 토론을 시켰다고 한다. 토론과정에서 지도교수가 말로는 다양한 의견을 제시하라고 해 놓고서는 지도교수와 다른 의견을 말하는 학생들에게 핀잔을 주며 학생의 생각은 틀렸다고 말을 하더라는 것이다. 아울러 지도교수는 자신의 의견이 모범답안이라는 느낌의 결론을 강요했다는 것이다. 이후로부터 이 중국인 교수는 토론에 참여하기가 부담스러웠다고 한다. 그러면서 필자에게 물었다. 왜 한국 사람들은 양분법적 사고에 갇혀 있느냐고? 한국어에는 말로는 공동체의식을 함유한다는 '우리'라는 개념이 있다고 한다. 하지만 실제로 한국 사회에 존재하는 현상은 나 아니면 너, 우리가 아니면 남, 아군이 아니면 적군, 집권당 아니면 야당이라는 단순한 이분법적 사고만 존재하는 것을 보고 놀라웠다고 한다. 흑색이냐 백색이냐를 놓고 갈등하다가 흑색이나 백색이 아닌 회색을 선호하는 사람들은 간첩(间谍; jiàn dié)이나 간신 또는 첩자(汉奸; hàn jiān)로 여기는 사회적 부조리가 다양성을 저해할 수 있다는 우려를 표명했다. 그러면서 이 교수는 회색을 선택하는 사람들도 중도로 분류하여 그들의 의견을 존중해야 한다는 의견을 피력했던 기억이 있다.

한중수교(1992년) 이후 막 중국에 진출한 한국기업들이 공통적으로 느끼는 특징이 있었다. 중국의 기업문화가 한국보다 못하기 때문에 하루빨리 이들에게 한국의 기업문화를 습득시켜야 한다는 논리였다. 이로부터 중국진출 한국기업들의 중국인 직원을 대상으로 하는 한국인화(韓國人化) 작업이 진행되었다. 그들에게 한국인들의 기업문화를 가르치려 많은 시간을 투자했지만 그다지 만족할만한 성과를 얻지 못했다. 오히려 머지않아 이런 노력들은 잘못된 생각임이 밝혀졌다. 문화는 비교의 대상이 아니라 체득해야 하는 것임을 깨달은 것이다.

직장상사에게 한국 사람들은 고개를 숙여 인사를 한다. 하지만 중국 사람들은 고개를 숙여 인사하는 문화가 없다. 이런 중국 사람들을 모두 고개를 숙여 인사를 하라고 가르치는 것은 어리석은 것이다. 한국음식이 맛있다고 중국인 직원들에게 매일 한국음식을 제공하는 것이 좋다고 생각하는 사람은 없을 것이다. 음식문화는 쉽게 고치기 힘들다는 것을 잘 알고 있기 때문이다. 중국진출 한국기업들이 중국기업의 조직문화 역시도 쉽게 고치기 힘들다는 것을 깨닫게 되기까지는 많은 시간이 필요했다. 이는 우리보다 앞서 중국에 진출했었던 일본기업들도 먼저 경험했었던 현실이기도 하다.

산업화를 거쳐오는 과정 속에서의 국가발전 시기에 한국인들이 만들어 낸 '한강의 기적'은 세계사적으로 존중받는 자랑스러운 일임에 틀림이 없다. 그러나 한국기업들의 중국진출 사업은 철저하게 중국적으로 접근해야 한다. 그들에게 지나치게 한국적인 것을 강요하면 안 된다. 설사 한국적 문화가 필요하더라도 중국인들이 스스로 느끼며 체득할 때 까지 여유를 가지고 기다려줘야 한다. 문화는 학습의 대상이 아니라 상호 존중을 바탕으로 습득해야 하는 것으로써 로마에 있을 때는 반드시 로마법을 따르는 것이 이치에 맞는 공존방식이기 때문이다.

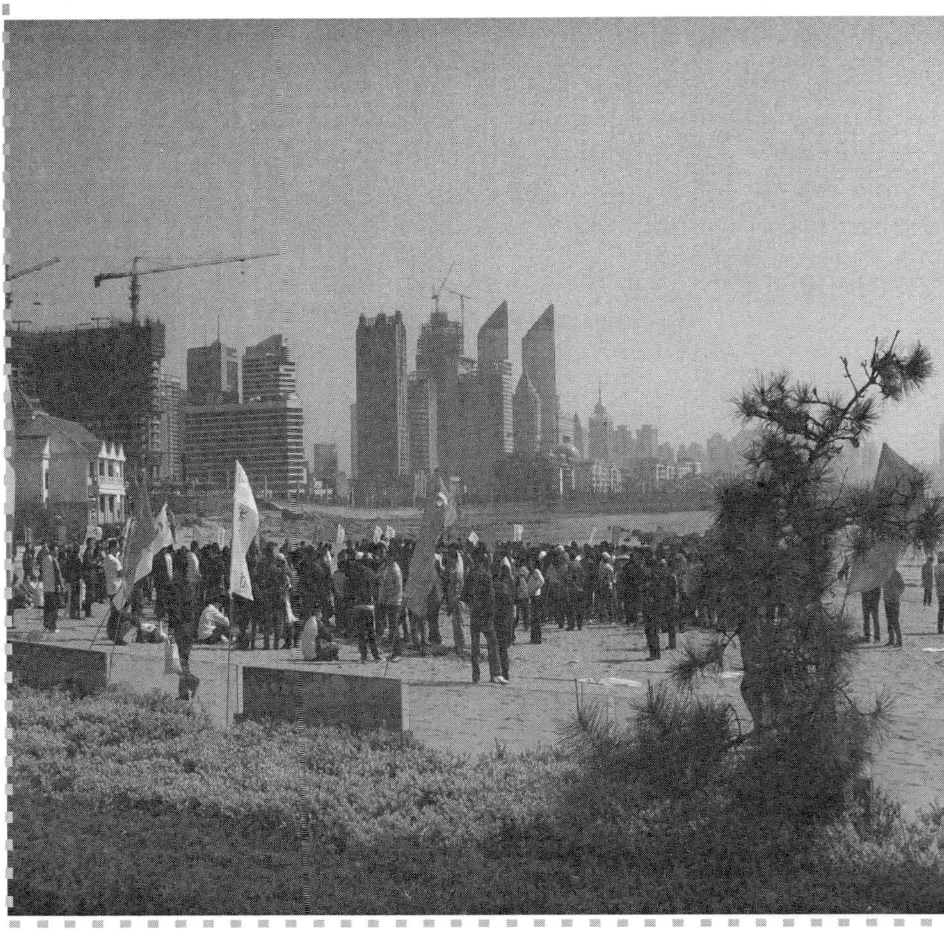

# 체면을 중시하다

## 给面子

중국인들은 체면(体面; tǐ miàn)을 상당히 중시한다. 중국인 친구를 사귀어 본 경험이 있는 사람이라면 느껴봤을 것이다. 처음으로 중국인 친구를 사귈 때 중국인 친구가 밥을 먹자고 한다. 아무 생각 없이 따라간 중국 식당에서 중국인 친구가 요리주문(点菜; diǎn cài)을 한다. 둘이 식사를 하는데 이것저것 잔뜩 시켜 놓고 먹으란다. 두 사람이 먹을 만큼만 시키면 될 것을 왜 이렇게도 많이 시켜놨는지. 이 많은 음식을 다 먹기에는 역부족이고 남기자니 아깝기도 하고 예의가 아닌 것 같기도 하다. 하지만 걱정하지 마시라. 한국에서는 주인이 차린 음식을 맛있게 끝까지 몽땅 먹어 주는 것이 예의이지만 중국에서는 주인이 차려 준 음식을 모두 먹어버리면 예의가 아닌 것이다.

이유는 주인이 차린 음식을 다 먹게 되면 손님이 아직도 배가 고프다는 의미를 전달하기 때문이다. 손님이 배가 부르지 않다는 의미는 주인이 차린 음식이 손님을 만족시키지 못했다는 반증이다. 이는 주인으로서 손님 접대(应酬; yìng chou)에 실패한 결과를 초래하게 되는 것이다. 따라서 중국에서는 손님으로 가서 차려진 음식을 모두 비울 필요가 없다. 오히려 차려진 음식이 맛있더라도 남겨 놓는 예의를 차려야 한다는 것을 잊지 말아야 할 것이다. 물론 친한 사이가 되면 음식을 먹다가 남는 경우에 포장해서 집으로 가져가기도 한다. 하지만 격식을 갖춰야 하거나 형식적인 자리에서는 음식을 남기는 것이 보통이다. 또한 올라오는 음식 하나하나에 모두 젓가락을 드리우고 맛있다는 찬사를 보내주어야 한다.

중국의 지방 도시에서 사업상 술집을 간 경험이 있다. 한국에서는 단란주점이나 룸살롱이라고 부르는 공간을 중국에서는 흔히 KTV라고 말한다. 한국에서는 서비스(服务; fú wù)의 개념이 손님과 상하관계로 작용하지만 중국에서는 손님에 대한 서비스의 개념조차도 수평적 관계로 존재한다. 따라서 술집 도우미 아가씨에게조차도 체면을 살려줘야 한다. 접대 술로 취해갈 무렵 옆에 있는 아가씨가 술 한 잔 하자며 내게 말을 건넨다. 아무 생각 없이 싫다고 말했더니 화를 내면서 자기를 무시한다고 말한다. 대꾸하기 싫어서 입 다물고 가만히 있었는데 계속해서 '给我面子(gěi wǒ miàn zi; 내 체면 좀 세워줘)'라며 술을 권한다. 서비스업종에서도 손님과의 수평적 관계가 존재할 만큼 중국인들의 체면을 중시하는 문화는 뚜렷하다.

직장생활 속에서도 중국인들의 체면문화는 뚜렷이 존재한다. 중국의 기업문화는 수직구조보다는 수평구조(平起平做; píng qǐ píng zuò)로 이해해야 한다. 상하간의 질서가 없는 것은 아니지만 대부분의 관계는 수평적으로 존재한다. 또한 직장에서 상사인 윗사람이 자기 수하인 아랫사람을 함부로 대하지는 않으며, 업무 지시를 할 때도 현실과 동떨어진 사안들을 요구하지는 않는다. 이런 것들이 한국의 기업문화와 상당히 다른 양상을 보이고 있는 것이다.

좀 더 구체적인 예를 들어보자. 한국의 기업문화에서는 퇴근 시간이후 종종 부서의 단체 회식(聚会; jū huì)자리가 있기 마련이다. 이런 자리가 직원들에게는 개인적인 부담으로 작용할 수 있다. 원하지 않더라도 회식에 참석해 술을 마시고 직장 상사들에게 눈도장을 찍어야 하기 때문이다. 중국진출 한국기업들에도 이런 문화가 존재하고 있어 때에 따라서는 중국인 직원들로부터 부정적인 반향을 일으키고 있다. 이유인즉, 중국의 기업문화에서는 이런 경우가 없을 뿐더러 단체 회식을 강요할 수 없기 때문이다. 중국인 직원들은 퇴근 시간 이후 자신들의 사생활을 강요하는 기업에서 일하는 것을 원하지 않는다. 중국인 직원들의 이런 생각 역시도 체면을 중시하는 문화와 상당히 밀접한 관계가 있는 것이다.

한중간의 이런 서로 다른 기업문화로 인해 중국진출 초창기에 많은 한국기업들이 실패를 경험하기도 했다. 이런 과정을 통해 중국진출 한국기업들은 현지화에 착수하게 된 것이다. 로마에 있을 때에는 로마법을 따라야(入乡随俗; rù xiàng suí sú) 하기 때문이다. 중국진출 한국기업들의 현지화 작업 중 가장 중요한 변화는 현지인 관리자 고용을 통한 현지 중국인 직원 관리감독이라고 말할 수 있다. 아무리 좋은 한국의 기업 시스템도 중국에서 현지화가 실현되지 않는다면 경쟁에서 살아남기 힘들다는 사실을 뒤늦게나마 깨달은 수확(收获; shōu huò)이라 할 수 있겠다.

하지만 그렇다고 해서 부하 직원에게 업무와 관련된 지시를 안 할 수는 없을 것이다. 중국인 부하 직원에게 업무지시를 할 때는 구체적으로 해야 한다. 언제까지 어떤 내용의 보고서를 몇 페이지 분량으로 작성해 오라는 등의 구체적인 지시나 요구 없이 그냥 뭉뚱그려서 두루뭉술하게 지시를 하게 되면 그 결과물은 낭패를 보기 일쑤이다. 아울러 비교적 긴 시간을 필요로 하는 일들은 중간 중간에 반드시 중간보고를 받거나 확인을 해야만 한다. 그렇지 않을 경우

기억하시라 '没问题(méi wèn tí; 문제없어요)'로 시작해서 '没办法(méi bàn fǎ; 어쩔 수 없어요)'로 끝날 수 있다는 사실을.

일례로 식당(餐厅; cān tīng)에서 일하는 종업원에게 바닥에 떨어진 휴지를 주우라고 말했다고 치자. 그 지시를 받은 종업원은 눈앞에 보이는 휴지만을 주울 것이다. 우리나라 사람 같으면 주위를 한번 둘러보거나 식당 바닥을 전체적으로 훑어본 후에 바닥에 떨어져 있는 휴지를 모두 주워 올리겠지만 중국에서는 그런 기대를 하면 안 된다. 왜냐하면 그들은 이런 교육을 한 번도 받아본 적이 없기 때문이다. 배우지 못한 것은 스스로 알 수가 없는 법이다. 이런 경우에는 직원에게 화를 내지 말고 하나부터 열까지 차근차근 가르쳐야 한다. 가르치고 나면 곧잘 따라하곤 한다. 가르치지 않고 야단만 치는 경우 체면을 깎아버리는 결과를 초래할 수 있기 때문에 예고 없이 식당을 그만둔다든지 내부고발자가 되어 식당의 잘못을 유관기관에 고발(报案; bào àn)한다든지 하는 일이 발생할 수 있다.

또 한 가지 명심해야 할 것은 교육을 통해 전달된 지시사항들은 매뉴얼을 만들어 문서화하고 이를 다시 매일 매일 확인해야 한다는 것이다. 관리자로 하여금 매일의 업무를 지시하고 각 직원들의 업무성과를 평가하는 시스템을 만들어 평가 결과를 다시 매일 직원들에게 숙지시키고 잘못한 부분에 대해서는 직원이 직접 인지하게 하면서 필요에 따라서는 그 결과를 월급(薪水; xīn shui)에도 반영할 수 있는 시스템을 구축해야 할 것이다. 이런 절차 없이 이심전심이라는 생각으로 직원들을 맹목적으로 믿고 가족처럼 대한다는 명분만으로 관리했다가는 직원들에게 기대할 수 있는 업무량이 많지 않을 것이다. 따라서 기본적인 업무 매뉴얼을 구축해야 할 것이다.

중국인들의 체면을 중시하는 기업문화는 부정적인 양상으로 나타나기도 한다. 체면을 유지하기 위해 계속해서 회사를 바꾸고 있는 것이다. 중국에서 현재 유행하고 있는 기업문화 가운데 하나가 회사를 자주 옮겨 다니는 현상(跳槽; tiào cáo)이다. 보통 2~3년에 한 번씩 회사를 옮겨 다니는데 가장 커다란 이유는 월급을 많이 받기 위해서다. 회사를 한 번 옮길 때마다 월급이 오른다. 물론 이 과정에 어느 정도 버블(泡沫; pào mò)이 있다는 것을 모를 리 없다. 하지만 그래도 회사를 옮기려고 한다. 왜일까?

상하이시 푸단(复旦)대학에는 한국어학과가 있다. 한국어학과를 졸업하고 취직을 원하는 대부분의 학생들은 한국기업을 원하지 않는다. 이유인즉, 한국기업은 일만 많이 시키고 합당한 대우를 해주지 않는다는 것이다. 무엇보다도 회사에 남아 있게 되었을 때 더 이상 본인들이 발전해 나갈 수 있는 가능성(发展空间; fā zhǎn kōng jiān)이 없다고들 말한다. 그래도 한국기업을 원하는 학생들은 나름대로의 이유가 있어서이다. 한국기업에서 2~3년간 경험을 쌓고 미국 및 유럽계 회사에 들어가게 되면 한국기업에서의 업무 경험을 능력으로 인정받기 때문이란다. 중국진출 한국기업들이 한번쯤 곱씹어 볼만한 얘기일 것이다.

사랑에 국경이 없다는 것은 익히 알고들 있다. 하지만 시대의 흐름에 따라 경제활동에도 국경이 점점 없어지고 있다는 사실을 명심해야 한다. 글로벌 시대에 걸맞게 전 세계 유수의 기업들은 유능한 직원들을 확보하기 위한 치열한 노력을 경주하고 있다. 기업을 구성하는 한 사람의 직원으로서 그들이 한 회사에 머물러 있으면서 발전할 수 있는 가능성을 제공받지 못할 경우 과연 어떠한 선택을 할 것인지에 대해서 중국진출 한국기업들은 상응하는 대책을 마련해야 할 것이다.

# 남의 일에 신경 쓰지 마

多管闲事

우리들도 오지랖 넓게 지나치게 남의 일에 신경을 많이 쓰는 사람들을 향해서 '남의 일에 신경 꺼'라고 말을 하곤 한다. 원하지 않는 사람들이 여러분 자신이 하는 일에 관심을 갖는 다거나 또는 아는 사람일지라도 지나치게 사생활을 침해하는 경우라면 누구라도 이런 말을 한번쯤은 해본 경험이 있을 것이다. 중국어에도 이런 상황에서 자주 쓰이는 '多管闲事(duō guǎn xián shì)'라는 말이 있다. 이 말의 의미는 '한가한(남의) 일에 끼어들지 말라' 또는 '필요 없는 일에 참견을 하다'라는 뜻으로 해석할 수 있다.

이 말은 원래 '狗拿耗子(gǒu ná hào zi), 多管闲事(duō guǎn xián shì)'의 한구절로 사용된다. 앞부분에 '狗拿耗子(gǒu ná hào zi)'라는 말은 '개가 쥐를 잡다'라는 뜻이다. 이 말의 유래를 살펴보면 재미있는 고사가 전해진다. 중국의 고대시기에는 들쥐를 집에서 키우는 개가 잡았다는 일설이 전해진다. 그러다가 인도에서 고양이를 수입하기 시작한 한명제(漢明帝) 때에 이르러 개를 대신하여 고양이가 들쥐를 잡기 시작했다는 기록이 〈예기(禮記); '迎猫, 爲食田鼠也。(郊特牲)'〉에 전해진다. 이로부터 당대(唐代)이후부터서는 고양이가 들쥐를 잡는 일이 보편화되면서 개가 들쥐를 잡는 일은 쓸데없이 남(고양이)의 일에 간섭하는 일이 되었다는 일화가 전해지고 있다.

하지만 최근 들어 중국인들의 남의 일에 참견하지 않는 문화는 지나칠 정도로 보편화되면서 개선되어야 할 커다란 사회문제로 주목받고 있다. 최근 중국의 매스컴에서 심각하게 우려하는 사안 중에 하나가 바로 중국 사람들이 남의 일에 전혀 관심이 없다는 것이다. 사생활 보호차원이 아니라 측은지심(恻隐之心)이 발동해야 할 순간에도 무관심으로 일관하는 '나몰라 주의(与我无关; yú wǒ wú guān)'가 사회 전체적으로 만연해가고 있다는 것이다.

국내에서도 이미 매스컴(大众通讯; dà zhòng tōng xùn)을 통해 중국 내에서 사회적 문제가 되고 있는 '나몰라 주의'에 관한 보도를 접할 수 있었다. 시장을 보러 나온 노인이 시장 안 길거리에서 갑자기 의식을 잃고 쓰러지는 일(昏倒; hūn dǎo)이 발생했다. 이 광경을 본 많은 중국 사람들은 왔다 갔다 하면서 30분이 넘도록 지켜만 볼 뿐 아무도 응급차(急救车; jí jiù chē)를 부르거나 이 노인에게 관심을 갖지 않았다. 이 모든 상황들이 CCTV 화면을 통해서 녹화가 되고 뉴스를 통해 전국에 보도가 되었다.

또 한 가지는 추운 겨울에 어린 아이가 길바닥에 쓰러져 있었는데 지나가는 사람들이 아무도 관심을 갖지 않아 결국 이 어린아이는 동사(冻死)했다. 몇 해 전에는 홍콩 명보(明报)를 통해서 베이징(北京)에서 발생한 한 사건을 기사로 접한 적이 있었다. 사건내용인 즉은 한 초등학교 여학생이 버스안내원에게 맞아 죽은 사건이었다. 버스안내원과 백발이 성한 나이 든 아버지가 버스요금 문제로 언쟁을 하는 도중 초등학교에 다니는 딸이 끼어들면서(插嘴; chā zuǐ) 싸움이 커졌다. 버스안내원은 딸에게 시비를 걸며 때리기 시작했는데 흥분한 나머지 어린 여학생을 계속 때려 결국 사망에 이르게 되었다는 사건소식이었다. 충격적인 것은 버스 안에는 수많은 사람들이 있었지만 아무도 이 어린 여학생이 맞는 것을 말리거나 제지하지 않았다는 사실이다. 이처럼 중국사회에는 남의 일에 신경 쓰지 않는 '나몰라'주의가 만연해 있다.

그렇다면 왜 이러한 '나몰라 주의'가 팽배(蔓延; màn yán)해지게 된 것일까? 이유는 의외로 참 간단하다. 선의로 남을 도와주었다가 큰 낭패를 본 경험이 있기 때문이다. 우리나라 속담에도 '물에 빠진 놈을 건져줬더니 보따리 내놓으라고 하더라'는 말이 있다. 물에 빠져 허우적거리는 놈을 기껏 건져놨더니 감사한 줄 모르고 오히려 자기 물건을 훔쳐갔다고 올가미(圈套; quán tào)를 씌운다는 얘기다. 이처럼 중국에서도 위험에 빠진 사람을 구하는 과정에서 예상치 못한 피해를 입게 되면서 사람들이 점차적으로 남을 도와주는 일을 꺼리게 되었다는 해석을 내놓는 사람들이 있다.

중국 근현대사에서 유명한 소설가였던 노신(魯迅)이라는 사람이 있었다. 그는 청나라 말기에 의학공부를 위해 일본으로 유학을 갔다가 유명한 '환등기 사건'을 경험하게 된다. 환등기를 통해 그가 목격한 장면은 일본군 장교가 칼로 중국인의 목을 베는(招头; zhāo tóu) 장면이었다. 하지만 주위의 중국인들은 구경하는 방관자 역할을 할뿐 자신들과 같은 동포인 중국인의 죽음 앞에서 어느 누구도 그를 살리기 위해 나서는 사람이 없었다. 이 장면에서 그는 중국인들의 무지몽매함을 느끼게 된 것이다. 이 사건이 계기가 되어 노신은 스스로가 글을 써서 중국인을 계몽해야겠다는 다짐을 하게 된다. 이후 그는 광인일기, 아Q정전과 같은 계몽소설을 통해 중국인들에게 정신적 메시지를 전달하고자 노력하는 삶을 살게 되었던 것이다.

신중국 건설과정에서도 이와 비슷한 사건이 있었다. 1942년의 연안문예강화

(延安文艺讲话)가 정풍운동(整风运动)으로 비화되고, 1956년의 '백가제방(百花齐放), 백가쟁명(百家争鸣)' 방침도 원래 취지와 달리 마오쩌둥(毛泽东)의 노선에 반대하는 사람들이 곤란에 빠지는 경우를 보면서 사람들은 점점 진실의 소리를 가리고 말문을 닫으며 자기검열에 빠지게 되었다. 이른바 '明哲保身(míng zhé bǎo shēn)'의 태드가 최고의 가치로 인식되어 현명한 지식인들은 물론이거니와 일반 백성들도 자신의 이익에 손해될 것이 두려워 원칙적이며 근본적인 문제에 가부(可否)를 표시하지 않는 애매한 태도(骑两头马; qí liǎng tóu mǎ)를 보이게 된 것이다.

중국 유학 시절 길거리에서 교통사고가 나는 경우를 가끔 목격을 하곤 했었다. 이 때마다 거리를 지나가는 사람들은 사고현장을 둘러싸고 기웃거리며 소근 거릴 뿐 아무도 경찰에 신고하지 않았다. 환자에 대한 처치를 위해 신속하게 119에 전화를 거는 노력을 하는 사람도 없었다. 못 본 척 지나치는 사람들과 봐도 무시해버리는 사람들을 보면서 이해할 수 없었다. 하지만 중국에 살면서 느끼게 되는 문화적 차원에서의 이러한 시민정신 부재 현상들은 위에서 언급한 바와 같은 나름대로의 역사적 배경을 지니고 있었던 것이다. 하지만 안타깝게도 이런 현상은 중국 전역에 걸쳐 광범위하게 퍼져 이미 '나몰라 주의(与我无关; yú wǒ wú guān)'라는 하나의 좋지 못한 문화로 정착해 버린 느낌이다.

이처럼 중국인들은 역사적으로 경험하게 된 이런저런 사건과 사회적 병리현상들로부터 남의 일에 참견하는 것을 점점 지양(扬弃; yáng qì; Aufheben)하게 되었다. 이런 문화적 현상들은 언어생활 속에 그대로 반영되어 중국인들은 자신의 의견을 적극적으로 밝히기를 꺼려하는 경향을 보인다. 실제 생활 속에서도 자신들의 의견을 직접적으로 피력하는 것에 익숙하지 않으며, 한 가지 사건이나 진실에 대하여서도 빙빙 에둘러서 말을 하거나(绕口令; rào kǒu lìng) 간접적으로 얼버무려 버리는 등의 불분명한 언어습관이 존재하는 것을 느끼게 한다. 특히나 국가권력이나 관공서 그리고 관리자 그룹과 같은 기득권(既得权利; jì dé quán lì)에 대항하는 자세는 다분히 소극적인 태도를 취하고 있는 것으로 보인다.

瑞熙酒店
1958
芒果Ktv
1958时代

# 20%

百分之二十

한국 사람들은 흔히들 중국인들을 가리켜서 말하기를 의심이 많다고 말한다. 한국 사람들은 남을 잘 못 믿고 의심이 많은 사람을 일컬어 "중국인 고쟁이를 입었나 왜 이렇게 의심이 많아?"라고 비유하곤 한다. 필자는 중국어를 전공한 사람으로서 이런 말들의 유래를 알아보고 싶었다. 이런 호기심(好奇心; hào qí xīn)으로 이 말의 진위 여부를 확인해보고자 중국 사람들의 생활면을 들여다보았다. 이 과정을 통해서 필자가 얻을 수 있었던 결론은 중국인들이 의심이 많은 것이 아니라 단지 그들은 매사에 신중(慎重; shèn zhòng)한 편이라는 결론을 내리게 되었다. 다시 말해서 한국인들이 느끼는 중국인들이 의심이 많다는 얘기는 또 다른 각도로 말하자면 중국인들은 상당히 신중하다고 말할 수 있을 것 같다. 신중하기 때문에 오래 기간을 생각하며 지켜보고 난후에 최종 판단을 내리는 것이다. 아마도 그들의 이런 신중함이 한국인들에게는 그들이 쉽게 남을 잘 믿지 못하고 의심을 하는 모양으로 비춰진 것으로 보인다.

의심하는 것과 신중함 사이에는 시간적 거리가 있을 수 있다. 성격이 급한 사람(急性人; jí xìng rén)들에게는 신중함을 얻기 위한 과정 속에서의 시간들이 길게만 느껴질 것이다. 한편 성격이 느긋한 사람들에게는 신중한 판단을 위해 투자하는 시간들이 그다지 길게 느껴지지 않는다는 것이다. 올바른 판단을 위하여 쏟는 정성의 시간이 많으면 많을수록 판단의 결과가 반드시 좋다고 말할 수는 없을 것이다. 하지만 신중한 판단을 위해서 오랜 시간 장고를 거듭하게 된다면 설사 잘못된 판단을 하더라도 그로부터 야기될 피해의 규모를 최소화할 수는 있을 것이다.

사업투자에 대한 한국인과 중국인의 사고방식에도 많은 차이점이 존재한다. 현재 중국시장에서 소규모 중국 회사와 거래하는 한국 회사는 물품대금 결제 방식에 있어서 어음(期票; qī piào)거래보다는 현금(现金; xiàn jīn)거래를 선호하는 편이다. 물론 국영기업체 또는 이름만 들으면 알 수 있는 대기업과 거래를 하는 경우에는 예외적으로 어음을 받거나 일정기간 후에 현금을 받는 경우도 있다. 하지만 한국의 대부분 중소기업체가 어음 거래가 상례화 되어있는 반면, 중국 내 중소기업 및 자영업자(个体户; gè tǐ hù) 사이의 물품 거래 방식은 신뢰관계가 형성되기 전까지는 대부분 현금으로 이루어지는 것이 보통이다.

한국인과 중국인이 사업을 한다고 했을 때 한 가지 다른 점이 있다. 특히나 새로운 사업에 대한 투자가 진행될 때 두 나라 사람들의 진행방식은 현저한 차이를 보인다. 수교(1992)이후 중국에 와서 개인 사업을 하는 한국인들의 면모를 보면 이들이 중국인들과는 상당히 다른 양상을 나타내고 있다는 것을 자주 목격하게 된다. 사업을 할 때 한국인들은 남을 지나치게 의식하여 외형적인 것에 치중하는 경향을 보인다. 한국인들의 이런 의식들은 때에 따라서는 다소 분수에 넘치는 투자로 이어져 얼마가지 못해 도산을 하는 경우를 종종 목격하곤 했다. 반대로 중국인들은 상당히 신중한 판단으로 남을 의식하기보다는 자신의 현실에 맞게끔 안전한 트자를 선호하는 경향이 있다. 안전한 투자이기에 비교적 오랜 기간을 버틸 수(坚持; jiān chí) 있는 것이다.

재미있는 비유를 한 가지 들어보자. 여러분 자신이 식당을 차리겠다고 마음을 먹었다고 치자. 식당을 개업하기 위해 필요한 비용이 대략적으로 1억 원이 든다고 하자. 여러분 수중에 만약 1억 2천만 원 정도의 현금이 있다면 산술적으로 2천만 원이라는 여유 비용이 있는 셈이다. 그렇다면 여러분은 이런 조건에서 식당을 개업할 수 있겠는가? 비록 정도의 차이는 있을지언정 대부분의 한국 사람들은 이런 조건에서 식당을 차릴 것이다. 이런 판단을 하는 사람들은 대개 다음과 같은 생각을 하게 마련일 것이다. 2천만 원의 여유자금이 있고, 일단 식당을 열어 놓고 장사를 하다보면 현금이 돌 것이고, 열심히 하면 손님도 늘어나고 입소문도 좋아지고 하면 점점 나아지겠지. 이런 생각으로 식당을 하게 된다면 개업 후 식당에 손님이 많아서 장사가 잘 되면 문제가 되지 않겠지만 손님이 없어서 파리를 날리게 된다면 몇 달 가지 못해 식당 문을 닫게 될지도 모른다.

중국인들은 이런 조건에서는 식당을 차리지 않는다. 그들은 위에서 언급한 조건이라면 최소한 5억 원의 현금이 있어야지 만이 개업을 고민하게 된다. 다시 말해서 중국인들은 자기가 가지고 있는 돈의 20%를 투자하여 사업을 시작하고 나머지 80%를 투자하여 자신이 투자한 사업이 안정적인 자리를 잡아갈 수 있도록 지속적인 투자를 하는 것이다. 대부분의 중국인들은 식당 개업 후 3년의 운영자금을 확보한 후에서야 식당 개업을 결정한다. 식당을 개업 하고 난 후에는 자리를 잡을 때까지 지속적인 투자를 하며 관망을 한다. 3년이 지나도록 성공을 하지 못할 경우에는 스스로가 사업 실패를 자인하며 포기하는 것이다. 필자가 알고 지내는 중국인 친구로부터 이 말을 들었을 때 사실 적잖이 놀랐다. 그들은 자금투자를 하기에 앞서 신중한 판단을 하고 또한 투자를 한 이후에도 오랜 시간을 두고 사업의 성공을 위해 실질적인 투자를 계속해 나가는 것이다. 웬만한 자본력으로는 이들을 이겨나가기가 쉽지 않다는 것을 느끼는 계기가 되었다.

중국인들의 이런 인식은 친구를 사귈 때도, 방을 세 줄 때도 똑같이 작용한다. 중국인들은 친구를 사귈 때 상당히 오랜 시간을 지켜보며 신중한 판단을 한다. 처음부터 마음을 다 내주지는 않으며, 사람을 한 번 알게 되면 오랜 기간 동안 자세히 관찰하고 좀처럼 속내를 잘 나타내지 않는다. 하지만 진정한 친구가 되고 난후에는 가장 든든한 벗이 되어준다. 셋방이 비어져 있어도 정해진 금액에서 크게 벗어나면서까지 임대료를 깎아 내려주지 않는다. 당장 한 두 달 손해를 보는 것보다는 원칙을 지키는 것을 중요시하는 문화가 있기 때문이다. 그들은 또 어떤 한 가지 일에 전념할 때도 10년 세월(十年磨一剑; shí nián mó yī jiàn)을 길게 생각하지 않는다. 스스로가 쉬지 않고 노력하여 강해질 때(自强不息; zì qiáng bù xī)까지 끊임없는 인고의 시간을 보내는 것이다. 이 모두가 투자에 대한 개념이 한국인과는 많이 다르기 때문이다. 투자를 할 때 한국인은 거의 모두를 걸지만 중국인은 20%만을 걸고 투자를 한다. 투자에 더욱 여유가 있고 오랜 시간을 관망하며 지켜볼 수 있는 자금력을 확보하고 있는 것이다. 투자에 대한 생각을 다시 한 번 해보게 된다.

중국인들과의 경쟁에서 그들을 이기려면 중국인들의 생각을 읽을 줄 알아야 한다. 만약 중국에 와서 사업을 하고자 하는 생각이 있는 사람이라면 한중간의 이런 문화적 차이점을 곱씹어 봐야할 것이다. 여러분은 한 가지 일에 어느 정도 시간을 투자할 수 있다고 생각하는가? 또한 목표를 세운 후에 일의 성공을 위해 얼마나 오래 동안 그 일에 매진할 수 있다고 생각하는가? 실패를 두려워하지 말고 시작을 해보시라. 여러분이 두려워할 것은 실패가 아니라 힘들다고 느끼며 중간에 포기(不怕慢, 只怕站; bù pà màn zhǐ pà zhàn)해버리는 것이다.

2009年首届
国常德桃花源旅
民俗节目演出

# ~한 만큼

一分钱，一分货

중국 사람들의 현실감각은 상당히 뛰어나다. 그들은 현세주의적인 관점에서 모든 일을 평가하고 판단한다. 자신들의 눈에 직접적으로 보이지 않는 일은 절대 믿지 않으며 흥정의 대상이 될 수 없다. 중국인들과 사업을 할 때 눈에 보이지 않는 미래의 일들을 가지고 얘기하기란 그다지 쉽지 않다. 그들은 눈앞에 보이는 것, 확실히 손에 쥘 수 있는 것, 본인들이 직접적으로 목도할 수 있는 것들만을 흥정이나 협상의 대상으로 인식한다. 그래서 중국인들은 종교를 잘 믿지 않으며 현세 종교인 공자(孔子)나 노자(老子), 또는 삼국지에 나오는 인물인 관우(關羽) 또는 유비(劉備) 같은 현실적인 사람들을 동경(憧憬; chōng jǐng)하고 사모하는 편이다.

중국인들은 또한 재물에 밝아 셈을 잘하며 거래관계에서 명분과 실리를 따져 최소한 한 가지 명분을 가지고 거래에 임한다. 즉, 명분이 부족한 거래에서는 최소한 실리를 따지며 반대로 실리를 챙기면 명분을 얻지 않는 경우도 있다. 하지만 한국인들은 대부분 명분과 실리를 모두 갖고자 하는 경향이 있어서 중국인들과의 거래에서 자칫하다가는 손해(吃亏; chī kuī)를 보게 되는 경우를 종종 목격하게 된다.

중국으로 관광이나 여행을 다녀온 경험이 있는 사람이라면 한번쯤은 생각해 볼만한 일이 있다. 중국에서 만든 제품들은 보잘 것이 없고 그냥 싼 맛에 사는 물건이 대부분이라고들 말한다. 그래서 별다른 기대를 하지 않는다고들 말한다. 그런데 필자는 이렇게 말하는 사람들의 의식구조를 이해하기 힘들다. 마음에 들지 않는데 왜 사는 건지? 싸게 주고 산 물건에 왜 이렇게 지나친 기대를 하는 것인지? 중국 속담에 '一分钱, 一分货(yī fēn qián yī fēn huò)'라는 말이 있다. 이 말을 풀어보면 '1전에는 1전짜리(의) 값만 있다'의 뜻으로 해석해 볼 수 있다. 다시 말해서 1전을 투자해서 산 물건은 1전의 값어치 밖에 기대할 수 없다는 말이다. 하지만 한국 사람들은 늘 '뭐 싸고 좋은 물건 좀 어디에 없나'라는 기대를 하곤 한다. 하지만 분명히 말해주고 싶다. 세상 어디에도 싸고 좋은 물건은 없다는 것을. 비싸고 좋은 물건은 있지만 싸고 좋은 물건이란 없다(好货不便宜, 便宜不好货; hǎo huò bù pián yi pián yi bù hǎo huò)고 생각한다. 그렇기 때문에 어디에서든 싸게 주고 산 물건에 대해서 너무 지나친 기대를 하는 것은 금물이다.

중국에서 사업을 하는 한국인 기업가들은 중국인 직원에 대하여 그다지 호평을 하지 않는다. 이유인즉, 업무성과가 한국인보다 못하다는 데 있다. 하지만 중국인 직원들을 만나보면 이들의 한국기업에 대한 인상이 좋지만은 않다는 것을 확인할 수 있었다. 왜일까? 정답은 의외로 무척 간단하다. 한국인 기업가들이 현지의 중국인 문화를 잘 이해하지 못하기 때문이다. 중국은 땅덩어리가 굉장히 큰 나라이다. 23개의 성(省)에 56개의 소수민족이 있어 지역이나 민족에 따라 각각 서로 다른 특성이 존재한다. 따라서 현지 특성에 맞는 대처 방안이 필요하다. 다시 말해서 중국에 진출한 한국기업들이 현지에 안정적인 정착을 위해서는 특화된 현지정책이 필요하다는 것이다. 이로부터 글로벌 경쟁력을 확보하고 세계 기업들과의 무한경쟁에서 우위를 차지할 수 있을 것이다.

한국기업들이 현지에서 고용한 중국인들에게 대우해주는 월급은 그리 많지 않은 수준이다. 중국의 경제중심도시인 상하이의 예를 들어보자. 2013년 현재 상하이시 기준 최저임금(最低工资; zuì dī gōng zi)은 월 1,620위안이다. 시간제 임금(小时工资; xiǎo shí gōng zi)의 경우 시간당 14위안 이상을 주도록 규정해 놓고 있다. 이 금액을 2013년도 산정기준 한국인 최저임금인 1,015,740원(시간당 4,860원)과 비교해보면 많은 편차가 있다. 하지만 한국인 상사들은 임금이 낮은 중국인 직원들을 한국인과 직접 비교를 하여 업무평가를 하려 한다. 다른 업무평가 기준을 차치하고라도 단순하게 임금으로만 비교할지라도 약 3.5배의 차이가 있다. 객관적으로 말하자면 중국인 직원들의 업무능력은 한국인에 비해 3.5배가 못한 것이 당연하다는 논리(理所当然; lǐ suǒ dāng rán)가 성립될 수 있는 것이다. 만약 한국인과 똑같은 업무능력을 원한다면 그에 상응하는 대가를 지불해야 한다. 우리가 중요하게 고려해야 할 사항은 중국에서는 1전을 투자하면 1전짜리 직원만을 구할 수 있다는 것이다. 따라서 회사를 위해 열심히 일해줄 능력 있는 중국인 직원을 원한다면 그에 상응(应有; yīng yǒu)하는 대가(代钱; dài qián)를 지불해야 한다는 것이다.

중국인 직원들에 대한 평가에서 또 한 가지 고려할 점은 한국과 기업문화가 다르다는 사실이다. 한국인 직원들은 한국의 기업문화에 익숙하지만 중국인 직원들은 한국의 기업문화에 익숙하지 못하다. 따라서 업무지시를 할 때 구체적(详细; xiáng xì)인 요구사항을 자세히 설명하고 중간 중간에 진행상황을 확인해주는 노력이 필요하다. 그렇지 않으면 한국과는 다른 기업문화를 가지고 있는 중국인 직원들은 원하는 결과물을 도출해 내기가 힘들다. 구체적인 업무지시를 하면 중국인 직원들도 원하는 만큼의 결과물을 가져온다. 중국인 직원들에게 이 모든 상황들을 업무환경에 적응시키기 위해서는 일정기간 학습 시간이 필요하다. 한중수교(1992) 이래 20여년이 넘어가는 지금은 그래도 예전에 비해 중국인과 중국문화를 이해하는 한국인이나 한국인 기업가들이 많이 생겨났다. 그동안의 시행착오를 거쳐 현재는 중국진출 한국기업들의 업무환경이 많이 안정화(稳定; wěn dìng)되었다.

一分钱, 一分货(yī fēn qián yī fēn huò)라는 말은 사람관계에서도 여실히 드러난다. 여러분은 친구관계를 어떻게 생각하는가? 친구는 관리의 대상인가? 아니면 언제라도 시간이 날 때 그냥 편하게 만날 수 있는 대상이라고 생각하는가? 필자는 친구도 역시 관리가 필요한 대상이라고 말하고 싶다. 중국인들에게 친구란 모든 인간관계의 연장선에서 관리를 해야 하는 대상으로 인식된다. 그들의 논리에 따르면 내가 1원으로 관리하는 사람은 내게 1원의 값어치만을 준다는 것이다. 그들에게는 부모도, 형제도, 친척도, 친구도, 동창도, 선후배도, 심지어 배우자나 자식들 역시도 정기적으로 관리하지 않으면 안 되는 대상들인 것이다. 어찌 들으면 다소 삭막하다고 느낄 수 있겠지만 현실주의자들인 중국인들에게는 전혀 생경(生硬)한 말은 아니다. 인간관계라는 것은 기계부품(零件; líng jiàn)처럼 기름을 치고 부품을 갈아주는 등 정기적인 점검이 필요한 대상인 것이다. 이것이 바로 중국사회에서 말하는 소위 관계(关系; guān xi)문화인 것이다.

중국 유학시절 대학교수님들이 한국 유학생들에 대한 불평을 늘어놓는 말들 중에서 이런 말을 들어 본 적이 있다. 한국 유학생들은 평소에는 아는 척도 하지 않다가도 학기말에 성적을 줄 때면 손에다 무언가를 사들고 와서 잘 부탁드린다고 말을 한다는 것이다. 학기 중에 지각도 자주하고 심지어 수업에 잘 나오지 않는 학생들조차도 성적을 주는 시점이 되면 교수들을 찾아와서는 아는 척을 하고 인사를 한다는 것이다. 하지만 중국대학 교수님들은 이런 행태를 좋아하지 않는다. 아니 이런 문화에 익숙하지 않은 것이다. 이유는 간단하다. 중국사회에는 이렇게 편리한 관계문화가 존재하지 않기 때문이다.

우리들의 일상을 한번 들여다보자. 한국에서는 일 년 내내 학교에 별다른 관심이 없는 사람들도 스승의 날(老师节; lǎo shī jié)이 다가오면 아이들 손에 선생님 선물을 들려 보낸다. 선거철만 되면 평소에는 지역구민들에게 별로 관심도 없는 국회의원 후보들이 지역구에 나와 출퇴근하는 지역구민들에게 악수를 청하는 광경을 쉽게 목격할 수 있다. 대통령(总统; zǒng tǒng) 선거철이 되면 여당이나 야당을 구분하지 않고 모든 후보들이 너나할 것 없이 시장 통을 돌며 서민경제를 걱정하고 양로원이나 고아원 등을 방문하고 소외된 계층에 관심을 많이 보인다. 하지만 이 모두가 특정한 목적을 이루기 위해서 벌이는 한바탕 쇼(秀; xiù)임을 우리들은 너무도 잘 알고 있다. 이런 사고방식과 잘못된 문화로 중국인들과 교류를 진행하거나 기업 간 거래를 하는 한국인이 있다면 성공할 수 없다. 중국에서는 인간관계도 관리의 대상으로 인식하고 있어 이벤트성 교류(一次性活动; yī cì xìng huó dòng)를 싫어한다는 사실을 명심해야 한다.

혹자는 인간관계를 관리의 대상으로만 본다면 세상이 너무 퍽퍽하지 않겠냐고 반문할지도 모른다. 하지만 감히 말하고 싶다. 세상 사람들과 인맥을 쌓고 싶은 사람이 있다면 반드시 관리를 해야만 한다고. 그렇지 않으면 정작 당신이 필요할 때 당신을 둘러싼 인간관계는 작동하지 않을 수 있다는 것을 명심(铭记; míng jì)해야 할 것이다. 인간관계는 관리대상이며 정기적인 투자가 필요함을 반드시 인식해야 할 것이다. 중국인들이 말하는 '一分钱, 一分货(yi fen qian yi fen huo)'라는 공식은 논리적으로 세계 어느 나라에서도 모두 성립되기 때문이다.

# 싸워야 한다

## 不打不相识

중국인들의 성격(性格; xìng gé)은 사교적일까? 아니면 그렇지 못할까? 중국인들과 교류를 해 본 한국인이라면 많든 적든 그들의 성격에 대한 이해가 있을 것이다. 중국어 속담에 '不打不相识(bù dǎ bù xiāng shí)'라는 말이 있다. 이 말의 의미는 '싸우지 않으면 서로 잘 알지 못한다'는 뜻이다. 다시 말해서 서로 다른 두 사람이 사귀어 나가는 과정에서 서로 싸우지 않으면 친해질 수 없다는 뜻일 게다. 여러분이 개인적이든 또는 업무적이든 중국인과 교류를 하기 전에 그들의 성격을 미리 알아 둔다면 커다란 도움이 될 수 있을 것이다. 하지만 중국인들의 성격은 지역에 따라 많은 편차를 보이는 것이 사실이기 때문에 모든 중국인의 성격을 한 마디로 규정짓는 다는 것(下定义; xià dìng yì)은 결코 쉽지 않은 일이다.

혈액형으로 중국 사람들의 성격을 알아보는 방법이 있지 않을까 해서 조사(调查; diào chá)를 해보았다. 사실 혈액형으로 사람의 성격을 알아보고자 노력한 사람들은 일본인이다. 실제로 일본에서는 사람들의 혈액형에 대한 분석이 상당히 과학적으로 이루어져 왔다. 하지만 모든 사람들의 혈액형을 단지 ABO 식으로 구분하고자 하는 현대의학은 태생적으로 한계가 있을 수밖에 없다는 지적도 있다. 따라서 혈액형을 기준으로 모든 사람들의 성격을 분석한다는 것이 과연 과학적으로 어느 정도의 신뢰(信赖; xìn lài)성을 확보(确保; què bǎo) 할 수 있는지는 의문이지만 대략적인 참고는 가능할 것이다.

중국 상하이시 모 연구기관에서 발표한 통계조사(普查; pǔ chá)에 따르면 중국 북방 사람들은 대체적으로 B형이 많은 반면 남방 사람들은 O형이 비교적 많다는 발표수치를 본 적이 있다. 또한 일반적으로 서양인들에게는 A형과 O형이 많고 동양인들에게는 B형이 비교적 많다는 통계도 있다. B형은 사업을 하기에 가장 알맞은 혈액형(血型; xuè xìng)이라는 말이 있다. O형은 정치를 하기에 적합하다는 말도 있다. 혈액형으로 중국인들의 성격을 분석한다는 것이 어느 정도의 객관성을 확보할 수 있을지 모르지만 성격을 판단하는 최소한의 참고사항은 될 수 있을 것이다.

필자가 접하는 중국인들의 성격은 대체적으로 복잡하다. 베이징(北京)은 예부터 정치적 중심 도시로 유명했다. 베이징 사람들은 정치성은 뛰어나지만 장사를 잘 하지 못한다. 청나라는 만주족이 세운 국가였기 때문에 베이징사람들 중에는 만주족과 한족의 혼혈이 많은 것도 하나의 특징이다. 아편전쟁(1840년) 이후 서구에 개방된 상하이(上海)는 세계적인 경제도시로 성장하면서 무역, 금융, 정보통신기술, 예술, 영화, 음악, 패션, 미술 등을 대표하는 중심도시로 성장했다. 상하이 사람들은 철저하게 계산적이며 눈에 보이는 것과 내 손에 쥐고 있는 것만을 믿는 현실적인 사람들이다. 2047년까지 1국가 2체제를 유지하도록 되어 있는 홍콩(香港)인들은 자신들이 중국인이라고 생각하지 않는다. 그들은 쉽게 뜨거워지고 쉽게 식어버리는 성격을 보인다. 친형제지간에도 금전적인 계산은 상당히 분명하다. 손님을 청해 식사를 대접할 때는 최선을 다해 접대하지만 막상 거래에 들어가면 물건값을 1전까지도 철저하게 받아내는 성격을 지니고 있다. 대만(台湾) 사람들은 겉으론 유순해 보이지만 결코 손해를 보지 않는 장기적인 박리다매형 성격을 보인다. 광동(广东) 사람들은 남에게 지배받는 것을 상당히 싫어하며 또한 자신의 결점을 지적받는 것을 죽기보다 싫어하는 성격을 지니고 있다. 광동사람을 직원으로 둔 사람은 이런 성격을 잘 활용한다면 직원 상호간에 경쟁심을 유발해서 긍정적인 성과를 올릴 수도 있을 것이다. 칭다오(青岛), 상하이(上海), 광쪼우(广州), 일본, 미국 등 지역에 걸쳐 약 200여만 명이 분포해 살고 있는 조선족(朝鲜族) 사람들은 성취욕이 상당히 강하고 남에게 지기 싫어하는 성격을 지녀 열심히 일하는 습성을 보이는 반면 개인주의적인 성향을 보이며 소집단을 형성해 파벌을 나누기도 한다. 이들은 한국인과 비슷한 성향을 지니고 있지만 한 가지 분명한 사실은 이들이 중국인이라는 것이다. 조선족은 한국어를 잘 구사하는 후손들이 점점 적어지고 있으며 한국에 대해서는 부러움과 함께 피해의식이 공존하고 있다. 이밖에 기타지역 중국인들도 지역에 따른 차이점을 나타내는데 안휘(安徽)성 사람들은 상당히 다혈질이라서 화가 나면 공격적으로 변하며, 때로는 패를 이뤄 집단적으로 대응하기도 한다. 이들은 길을 가다가 전혀 알지 못하는 같은 안휘성 사람이 싸움에 휘말리는 경우에는 같은 편이 되어주기도 한다.

하지만 중국인들과 싸우는 것을 두려워 할 필요는 없다. 여기서 말하는 '싸우다'라는 말의 뜻은 오해가 없기를 바란다. 이는 선의의 뜻으로 중국에서 생활을 하는 경우, 사업을 하다가 분쟁이 생기는 경우, 유학생활 도중 말다툼을 하게 되는 경우 등 일반적인 상황을 말하는 것으로 악의적으로 또는 고의(故意; gù yì)적으로 분쟁을 야기하거나 시비를 거는 경우를 말하는 것이 아님을 전제로 한다. 한국 사람들끼리도 그렇지만 중국인들과도 싸움을 하고 나면 친해지는 경우를 종종 볼 수 있다. 서로를 이해하는 것이다. 실례로 필자 역시 중국유학

시절 옆집에 사는 이웃(邻居; lín jū)들과 가끔 말다툼을 하곤 했는데 그래도 서로 마주치면 가벼운 눈인사를 나누곤 했었다. 결국 나라는 다르지만 인정은 통한다고나 할까? 싸우다보면 서로를 이해하게 되고 이해하게 되면 관심이 생기고 관심으로부터 인간의 정(人情味; rén qíng wèi)이 상대방에게 전달되는 것이 인지상정(人之常情)이 아닐까?

중국인들과 사귈 때 가장 중요한 것은 내가 어떤 목적으로 사귀고자 하는가에 대한 의식 수립이 필요하다는 것이다. 친구로 사귀느냐, 아니면 사업 파트너로 사귀느냐 등 관계 설정이 중요하다. 모호한 관계로 친구를 사귀게 되면 낭패를 볼 수 있다. 상대방과의 확실한 관계 정립이 필요하다. 관계가 정립되면 분수를 지키며(安分知足; ān fèn zhī zú) 교류를 해야 한다. 분수를 넘어서는 행동은 삼가야 한다. 왜냐하면 커다란 부담으로 작용할 수 있기 때문이다. 친구라면 친구에 맞게, 사업파트너라면 사업파트너답게 행동하고 처신해야 한다는 것을 기억하시라.

중국인을 친구로 사귀는 일은 그다지 쉽지 않다. 중국인들은 대부분 내성(内向; nèi xiàng)적인 성격을 나타내기 때문에 말을 붙이기가 어렵다. 하지만 도전해 볼만하다. 한번 친구관계가 성립된 이후에는 한국인 친구보다도 더욱 더 끈끈한 우정을 나눌 수 있을 것이다. 여러분이 중국친구를 사귀고 난후 만약 여러분에게 어려움이 생긴다면 중국친구는 여러분을 그야말로 그가 할 수 있는 최선의 노력을 다해서 여러분을 도울 것이다. 중국인과의 친구 사귀기에는 나이나 성별의 제한이 없다. 필자 역시도 15년이나 어린 중국인 친구가 한 명 있다. 중국 유학시절 대학원 동창들 중에는 여자동기들도 많이 있다. 이들과는 결혼한 이후에도 신랑들과 함께 자연스럽게 만남이 계속된다. 필자는 이 친구들로부터 많은 도움을 받고 있다. 물론 필자 역시도 이 친구들의 어려움을 내 일처럼 돕는다. 중국에서 사업을 하고자 하는 분이 있다면 개인적으로 중국인 친구 사귀기를 적극 권장(劝勉; quàn miǎn)한다. 여러분의 중국 사업에 많은 도움(帮助; bāng zhù)을 줄 것을 확신한다.

■ 부록

[부록1] 자주 쓰이는 외래어(常用外来词)

[부록2] 많이 먹는 채소 이름(蔬菜)

[부록3] 자주 보이는 과일 이름(水果)

[부록4] 주요 음료수 이름(饮料)

[부록5] 요리 관련 용어 모음집(烹饪法)

[부록6] 알아두면 편리한 인터넷 용어(网络用语)

[부록7] 세계 주요 국가 이름(国家名)

[부록8] 자주 쓰이는 사자성어(常用四字成语)

# [부록1] 자주 쓰이는 외래어(常用外来词)

| 번호 | 한 글 | 중국어 | 병 음 | 비 고 |
|---|---|---|---|---|
| 1 | 가라오케 | 卡拉OK | kǎlāOK | |
| 2 | 가스 | 瓦斯 | wǎsī | |
| 3 | 골프 | 高尔夫球 | gāoěrfūqiú | |
| 4 | 기타 | 吉他 | jítā | |
| 5 | 껌 | 口香糖 | kǒuxīangtáng | |
| 6 | 나일론 | 尼龙 | nílóng | |
| 7 | 냅킨 | 餐巾 | cānjīn | |
| 8 | 네온사인 | 霓虹灯 | níhóngdēng | |
| 9 | 넥타이 | 领带 | lǐngdài | |
| 10 | 노미네이트 | 提名 | tímíng | |
| 11 | 뉴스 | 新闻 | xīnwén | |
| 12 | 다이아몬드 | 钻石 | zuànshí | |
| 13 | 더빙 | 配音 | pèiyīn | |
| 14 | 데모 | 示威游行 | shìwēiyóuxíng | |
| 15 | 드라이크리닝 | 干洗 | gānxǐ | |
| 16 | 디스코 | 迪斯科 | dsīkē | |
| 17 | 디스플레이 | 展示 | zhǎnshì | |
| 18 | 라디오 | 收音机 | shōuyīnjī | |
| 19 | 라이터 | 打火机 | dǎhuǒjī | |
| 20 | 레코드 | 唱片 | chàngpiàn | |
| 21 | 로맨스 | 羅曼司 | luómànsī | |

| 22 | 로봇 | 机器人 | jīqìrén | |
|---|---|---|---|---|
| 23 | 로큰롤 | 摇摆舞 | yáobǎiwǔ | |
| 24 | 리더십 | 领导能力 | lǐngdǎonénglì | |
| 25 | 린스 | 护发素 | hùfāsù | |
| 26 | 마스코트 | 吉祥物 | jíxiángwù | |
| 27 | 마이크로폰 | 麦克风 | màikèfēng | |
| 28 | 모델 | 模特儿 | mótèr | |
| 29 | 무스 | 摩丝 | mósī | |
| 30 | 미니스커트 | 迷你裙 | mínǐqún | |
| 31 | 바겐세일 | 大减价 | dàjiǎnjià | |
| 32 | 발레 | 巴蕾舞 | bālěiwǔ | |
| 33 | 버터 | 奶油 | nǎiyóu | |
| 34 | 뷔페 | 自助餐 | zìzhùcān | |
| 35 | 블라인드 | 百葉窗 | bǎiyèchuāng | |
| 36 | 블루스 | 布鲁士舞 | bùlǔshìwǔ | |
| 37 | 블루진 | 牛仔褲 | niúzǎikù | |
| 38 | 비타민 | 维他命 | wéitāmìng | |
| 39 | 샌드위치 | 三明治 | sānmíngzhì | |
| 40 | 샐러드 | 沙拉 | shālā | |
| 41 | 샘플 | 样品 | yángpǐn | |
| 42 | 샴푸 | 香波 | xīangbō | |
| 43 | 선글라스 | 太阳镜 | tàiyángjìng | |
| 44 | 쇼윈도 | 橱窓 | chúchuāng | |
| 45 | 소파 | 沙发 | shāfā | |

| 46 | 스위치 | 开关 | kāiguān | |
|---|---|---|---|---|
| 47 | 스타킹 | 丝袜 | sīwà | |
| 48 | 스카프 | 領巾 | lǐngjīn | |
| 49 | 산타클로스 | 圣诞老人 | hèngdànlǎorén | |
| 50 | 아르바이트 | 打工 | dǎ gōng | |
| 51 | 아스팔트 | 柏油路 | bǎiyóulù | |
| 52 | 아파트 | 公寓 | gōngyù | |
| 53 | 앰프 | 扩音机 | kuòyīnjī | |
| 54 | 에스페란토 | 世界语 | shìjièyǔ | |
| 55 | 에이즈 | 爱滋病 | àizībìng | |
| 56 | 엑스트라 | 臨时演员 | línshíyǎnyuán | |
| 57 | 엘리베이터 | 电梯 | diàntī | |
| 58 | 오페라 | 歌剧 | gējù | |
| 59 | 요구르트 | 酸奶 | suānnǎi | |
| 60 | 이어폰 | 耳机 | ěrjī | |
| 61 | 인스턴트식품 | 方便食品 | fāngbiànshípǐn | |
| 62 | 인테리어 | 装潢 | zhuānghuáng | |
| 63 | 재즈 | 爵士樂 | juéshìyuè | |
| 64 | 조깅 | 健康跑 | jiànkāngpǎo | |
| 65 | 지그재그 | 锯齿形 | jùchǐxíng | |
| 66 | 지퍼 | 拉锁 | lāsuǒ | |
| 67 | 체크아웃 | 退房 | tuìfáng | |
| 68 | 체크인 | 入住手续 | rùzhùshǒuxù | |
| 69 | 초콜릿 | 巧克力 | qiǎokèlì | |

| 70 | 치즈 | 乳酪 | rǔlào | |
|---|---|---|---|---|
| 71 | 크리스마스트리 | 圣诞树 | shèngdànshù | |
| 72 | 카드 | 卡片 | kǎpiàn | |
| 73 | 카레라이스 | 咖厘饭 | gālífàn | |
| 74 | 칼로리 | 卡路里 | kǎlùlǐ | |
| 75 | 커피 | 咖啡 | kāfēi | |
| 76 | 케이크 | 蛋糕 | dàngāo | |
| 77 | 코코아 | 可可 | kěkě | |
| 78 | 콘택트렌즈 | 隐形眼镜 | yǐnxíngyǎnjìng | |
| 79 | 콜라 | 可樂 | kělè | |
| 80 | 클럽 | 俱樂部 | jùlèbù | |
| 81 | 킬로그램 | 公斤 | gōngjīn | |
| 82 | 타이어 | 輪胎 | lúntāi | |
| 83 | 탱크 | 坦克车 | tǎnkèchē | |
| 84 | 터프가이 | 男子汉 | nánzihàn | |
| 85 | 트럭 | 卡车 | kǎchē | |
| 86 | 파라솔 | 遮阳伞 | zhēyángsǎn | |
| 87 | 판탈롱 | 喇叭褲 | lābākù | |
| 88 | 패스트푸드점 | 快餐厅 | kuàicāntīng | |
| 89 | 팩시밀리 | 传真 | chuánzhēn | |
| 90 | 팬터마임 | 哑剧 | yǎjù | |
| 91 | 포커 | 扑克 | pūkè | |
| 92 | 푸딩 | 布丁 | bùdīng | |
| 93 | 플라스틱 | 塑料 | sùliào | |

| 94 | 하이힐 | 高跟鞋 | gāogēnxié | |
|---|---|---|---|---|
| 95 | 핫도그 | 热狗 | règǒu | |
| 96 | 햄버거 | 汉堡包 | hànbǎobaō | |
| 97 | 헤어드라이기 | 吹风机 | chuīfēngjī | |
| 98 | 헤어스프레이 | 发胶 | fājiāo | |
| 99 | 헬리콥터 | 直昇机 | zhíshēngjī | |

# [부록2] 많이 먹는 채소 이름(蔬菜)

| 번호 | 한 글 | 중국어 | 병 음 | 비 고 |
|---|---|---|---|---|
| 1 | 가지 | 茄子 | qiézi | |
| 2 | 감자 | 土豆(儿) | tǔdòu(r) | |
| 3 | 강낭콩 | 四季豆 | sìjìdòu | |
| 4 | 고구마 | 红薯 | hóngshǔ | |
| 5 | 고사리 | 蕨菜 | juécài | |
| 6 | 고추 | 辣椒 | làjiāo | |
| 7 | 깻잎 | 苏子叶 | sūziyè | |
| 8 | 누에콩 | 蚕豆 | cándòu | |
| 9 | 녹두 | 綠豆 | lǜdòu | |
| 10 | 다시마 | 海带 | hǎidài | |
| 11 | 당근 | 胡萝卜 | húluóbò | |
| 12 | 달래 | 小根蒜 | xiǎogēnsuàn | |
| 13 | 대파 | 大葱 | dàcōng | |
| 14 | 동과 | 冬瓜 | dōngguā | |
| 15 | 두부 | 豆腐 | dòufǔ | |
| 16 | 마늘 | 大蒜 | dàsuàn | |
| 17 | 마름(열매) | 菱角 | língjiǎo | |
| 18 | 마늘쫑 | 蒜条 | suàn | |
| 19 | 무 | 白萝卜 | báiluóbò | |
| 20 | 목이버섯 | 黑木耳 | hēimùěr | |
| 21 | 미나리 | 水芹 | shuǐqín | |

| 22 | 미역 | 裙带菜 | qúndàicài | |
|---|---|---|---|---|
| 23 | 배추 | 白菜 | báicài | |
| 24 | 백합 | 百合 | bǎihé | |
| 25 | 버섯 | 蘑菇 | mógū | |
| 26 | 부추 | 韭菜 | jiǔcài | |
| 27 | 브로콜리 | 西蘭花 | xīlánhuā | |
| 28 | 상추 | 生菜 | shēngcài | |
| 29 | 생강 | 生姜 | shēngjiāng | |
| 30 | 샐러리 | 西芹 | xīqín | |
| 31 | 수세미외 | 丝瓜 | sīguā | |
| 32 | 숙주나물 | 綠豆芽 | lǜdòuyá | |
| 33 | 시금치 | 菠菜 | bōcài | |
| 34 | 쑥 | 茼蒿 | tónghāo | |
| 35 | 쓴 오이 | 苦瓜 | kǔguuā | |
| 36 | 씀바귀 | 苦菜 | kǔcài | |
| 37 | 아스파라거스 | 芦笋 | lúsǔn | |
| 38 | 오이 | 黄瓜 | huángguā | |
| 39 | 양배추 | 卷心菜 | juǎnxīncài | |
| 40 | 양파 | 洋葱 | yángcōng | |
| 41 | 애호박 | 西葫芦 | xīhúlú | |
| 42 | 연근 | 蓮藕 | liánǒu | |
| 43 | 연밥 | 莲子 | liánzǐ | |
| 44 | 완두 | 豌豆 | wān | |
| 45 | 유채 | 油菜 | yóucài | |

| 46 | 원추리 | 黄花菜 | huánghuācài | |
|---|---|---|---|---|
| 47 | 죽순 | 竹笋 | zhúsŭn | |
| 48 | 쪽파 | 小葱 | xiǎocōng | |
| 49 | 참마 | 山药 | shāyao | |
| 50 | 콩나물 | 黄豆芽 | huángdòuyá | |
| 51 | 콩잎 | 黄豆叶 | huángdòuyè | |
| 52 | 콩꼬투리 | 豆角 | dòujiǎo | |
| 53 | 토마토 | 西红柿 | xīhóngshì | |
| 54 | 풋콩 | 毛豆 | máodòu | |
| 55 | 피망 | 青椒 | qīngjiāo | |
| 56 | 호박 | 南瓜 | nánguā | |
| 57 | 흰목이(버섯) | 银耳 | yíněr | |

# [부록3] 자주 보이는 과일 이름(水果)

| 번호 | 한 글 | 중국어 | 병 음 | 비 고 |
|---|---|---|---|---|
| 1 | 사과 | 苹果 | píngguǒ | |
| 2 | 배 | 梨 | lí | |
| 3 | 수박 | 西瓜 | xīguā | |
| 4 | 바나나 | 香蕉 | xiāngjiāo | |
| 5 | 귤 | 橘子 | júzi | |
| 6 | 파인애플 | 菠罗 | bōluó | |
| 7 | 키위 | 猕猴桃 | míhóutáo | |
| 8 | 키위 | 奇异果 | qíyìguǒ | |
| 9 | 감 | 柿子 | shìzi | |
| 10 | 딸기 | 草莓 | cǎoméi | |
| 11 | 포도 | 葡萄 | pútao | |
| 12 | 참외 | 甜瓜 | tiánguā | |
| 13 | 복숭아 | 桃 | táo | |
| 14 | 살구 | 杏 | xìng | |
| 15 | 자두 | 李子 | lǐzi | |
| 16 | 망과 | 芒果 | mángguǒ | |
| 17 | 비파 | 枇杷 | pípá | |
| 18 | 석류 | 石榴 | shíliu | |
| 19 | 앵두 | 樱桃 | yīngtáo | |
| 20 | 모과 | 木瓜 | mùguā | |
| 21 | 유자 | 柚子 | yòuzi | |

| 22 | 금귤 | 金橘 | jīnjú | |
|---|---|---|---|---|
| 23 | 레몬 | 柠檬 | níngméng | |
| 24 | 대추 | 枣 | zǎo | |
| 25 | 오렌지 | 橙子 | chéngzi | |
| 26 | 무화과 | 无花果 | wúhuāguǒ | |
| 27 | 복분자 | 覆盆子 | fùpénzǐ | |
| 28 | 야자 | 椰子 | yēzi | |
| 29 | 밤 | 栗子 | lìzi | |
| 30 | 호도 | 胡桃 | hútáo | |

# [부록4] 주요 음료수 이름(饮料)

| 번호 | 한 글 | 중국어 | 병 음 | 비 고 |
|---|---|---|---|---|
| 1 | 차 | 茶 | chá | |
| 2 | 우유 | 牛奶 | niúnǎi | |
| 3 | 요구르트 | 酸奶 | suānnǎi | |
| 4 | 청량음료 | 冷饮 | lěngyǐn | |
| 5 | 스프라이트 | 雪碧 | xuěbì | |
| 6 | 야자주스 | 椰汁 | yēizhī | |
| 7 | 커피 | 咖啡 | kāfēi | |
| 8 | 과일주스 | 果汁 | guǒzhī | |
| 9 | 사이다 | 汽水 | qìshuǐ | |
| 10 | 소주 | 烧酒 | shāojiǔ | |
| 11 | 맥주 | 啤酒 | píjiǔ | |
| 12 | 샴페인 | 香槟 | xiāngbīn | |
| 13 | 샴페인 | 白蘭地 | báilándì | |
| 14 | 칵테일 | 鸡尾酒 | jīwěijiǔ | |
| 15 | 포도주 | 葡萄酒 | pútaojiǔ | |
| 16 | 위스키 | 威士忌 | wēishìjì | |
| 17 | 광천수 | 矿泉水 | kuàngquánshuǐ | |
| 18 | 코카콜라 | 可口可樂 | kěkǒukělè | |
| 19 | 펩시콜라 | 百事可樂 | bǎishìkělè | |
| 20 | 스포츠음료 | 运动饮料 | yùndòngyǐnliào | |

# [부록5] 요리 관련 용어 모음집(烹饪法)

| 번호 | 한 글 | 중국어 | 병 음 | 비 고 |
|---|---|---|---|---|
| 1 | 삶다 | 煮 | zhǔ | |
| 2 | (약한 불로) 삶다 | 炖 | dùn | 국물에 졸이다 |
| 3 | (기름에) 볶다 | 炒 | chǎo | |
| 4 | (빠르게) 볶다 | 爆 | bào | 강한 불 사용 |
| 5 | (기름에) 튀기다 | 炸 | zhá | |
| 6 | (기름에 볶아) 조미료를 치다 | 烹 | pēng | 삶다(煮) |
| 7 | (기름을 빼고) 볶다 | 煎 | jiān | 기름을 두르다 |
| 8 | 양념장을 얹다 | 溜 | liū | |
| 9 | 삶아 양념장을 얹다 | 烩 | huì | |
| 10 | 가열하다 | 烧 | shāo | |
| 11 | 찌다 | 蒸 | zhēng | |
| 12 | 무치다 | 拌 | bàn | |
| 13 | 굽다 | 烤 | kǎo | |
| 14 | 기름 | 油 | yóu | |
| 15 | 참기름 | 芝麻油 | zhī·mayóu | |
| 16 | 소금 | 盐 | yán | |
| 17 | 간장 | 酱 | jiàng | |
| 18 | 설탕 | 糖 | táng | |
| 19 | 식초 | 醋 | cù | |

| 20 | 달다 | 甜 | tián | |
|---|---|---|---|---|
| 21 | 시다 | 酸 | suān | |
| 22 | 쓰다 | 苦 | kǔ | |
| 23 | 맵다 | 辣 | là | |
| 24 | 짜다 | 咸 | xián | |
| 25 | 비리다 | 腥 | xīng | |
| 26 | 냉채 | 凉菜 | liángcài | |
| 27 | 요리 칼 | 菜刀 | càidāo | |
| 28 | 신선로 | 火锅 | huǒguō | |
| 29 | 질냄비에 삶다 | 砂锅 | shāguō | |
| 30 | 찜통 | 蒸籠 | zhēnglóng | |
| 31 | 볶음용 냄비 | 炒锅 | chǎoguō | |
| 32 | 양장피 | 拼盘儿 | pīnpánr | |
| 33 | 도마 | 菜板儿 | càibǎnr | |

# [부록6] 알아두면 편리한 인터넷 용어(网络用语)



| 번호 | 한 글 | 중국어 | 병 음 | 비 고 |
|---|---|---|---|---|
| 1 | 실행 | 运行 | yùnxíngxìtǒng | |
| 2 | 시스템 종료 | 关闭系统 | guānbìxìtǒng | |
| 3 | 보조 프로그램 | 附件 | fùjiàn | |
| 4 | 통신 | 通讯 | tōngxùn | |
| 5 | 시스템 도구 | 系统工具 | xìtǒnggōngjù | |
| 6 | 게임 | 游戲 | yóuxi | |
| 7 | 엔터테인먼트 | 娱樂 | yùlè | |
| 8 | 그림판 | 畫图 | huàtú | |
| 9 | 계산기 | 计算器 | jìsuànqì | |
| 10 | 메모장 | 记事本 | jìshìběn | |
| 11 | 내 서류가방 | 我的公文包 | wǒde ōngwénbāo | |
| 12 | 내 컴퓨터 | 我的电脑 | wǒde diànnǎo | |
| 13 | 내 문서 | 我的文档 | wǒde wéndàng | |
| 14 | 네트워크 환경 | 网上隣居 | wǎngshang línju | |
| 15 | 휴지통 | 回收站 | huíshōuzhàn | |
| 16 | 윈도우즈 탐색기 | 资源管理器 | zīyuán guánlǐqì | |
| 17 | 시작 | 开始 | kāishǐ | |
| 18 | 인터넷 | 因特网 | yīntèwǎng | 互联网 |
| 19 | 이메일 | 电子邮件 | diànzǐyóujiàn | |

| | | | | |
|---|---|---|---|---|
| 20 | 키보드 | 键盘 | jiànpán | |
| 21 | 마우스 | 鼠标(器) | shǔbiāo(qì) | |
| 22 | 새로 만들기 | 新建 | xīnjiàn | |
| 23 | 열기 | 打开 | dǎkāi | |
| 24 | 프로그램 | 程序 | chéngxù | |
| 25 | 즐겨찾기 | 收藏夹 | shōucánjiā | |
| 26 | 문서 | 文档 | wéndàng | |
| 27 | 설정 | 设置 | shèzhí | |
| 28 | 찾기 | 查找 | cházhǎo | |
| 29 | 도움말 | 帮助 | bāngzhù | |
| 30 | 주소록 | 通讯簿 | tōngxùnbù | |
| 31 | 동기화 | 同步 | tóngbù | |
| 32 | 워드패드 | 写字板 | xiězìbǎn | |
| 33 | 이미지 | 映象 | yìngxiàng | |
| 34 | 제어판 | 控制面板 | kòngzhìmiànbǎn | |
| 35 | 시스템 재시작 | 重新启动电脑 | chóngxīnqǐdòng diànnǎo | |
| 36 | 폴더 옵션 | 文件夹选项 | wénjiànjiā xuǎnxiàng | |
| 37 | 바탕 화면 사용자 정의 | 自定义桌面 | zìdìngyì zhuōmiàn | |
| 38 | 시스템 종료 | 关闭计算机 | gānbì diànnǎo | |
| 39 | 레이저 프린터 | 激光打印机 | jīguāng dǎyìnjī | |

| 40 | 액티브데스크톱 | 活动桌面 | huódòng zhuōmiàn | |
|---|---|---|---|---|
| 41 | 파일 | 文件 | wénjiàn | |
| 42 | 편집 | 编辑 | biānjí | |
| 43 | 보기 | 查看 | chákàn | |
| 44 | 도구 | 工具 | gōngjù | |
| 45 | 멈춤 | 停止 | tíngzhǐ | |
| 46 | 새로 고침 | 刷新 | shāxīn | |
| 47 | 홈페이지 | 主页 | zhǔyè | |
| 48 | 검색 | 搜索 | sōusuǒ | |
| 49 | 기록 | 歷史 | lìshǐ | |
| 50 | 메일 | 邮件 | yóujiàn | |
| 51 | 인쇄 | 打印 | dǎyìn | |
| 52 | 링크 | 链接 | liànjiē | |
| 53 | 무료 | 免费 | miǎnfèi | |
| 54 | 채널 가이드 | 频道指南 | píndàozhǐnán | |
| 55 | 저장 | 保存 | bǎocún | |
| 56 | 다른 이름으로 저장 | 另存为 | lìngcúnwéi | |
| 57 | 페이지 설정 | 页面设置 | yèmiànshèzhì | |
| 58 | 보내기 | 发送 | fāsòng | |
| 59 | 가져오기 및 내보내기 | 导入和导出 | dǎorù hé dǎochū | |

| | | | | |
|---|---|---|---|---|
| 60 | 속성 | 属性 | shǔxìng | |
| 61 | 오프라인으로 작업 | 脱机工作 | tuōjī gōngzuò | |
| 62 | 전자 메일로 페이지 보내기 | 电子邮件页面 | diànzǐyóujiànyèmiàn | |
| 63 | 전자 메일로 페이지 보내기 | 电子邮件链接 | diànzǐyóujiànliànjiē | |
| 64 | 바탕 화면에 바로 가기 만들기 | 桌面快捷方式 | zuōmiànkuàijiéfāngshì | |
| 65 | 사용자 이름 | 用户名(登录名) | yòngbùmíng(dēnglù míng) | |
| 66 | 패스워드 | 密码 | mìmǎ | 비밀번호 |
| 67 | 로그인 | 登录 | dēnglù | 进入(jìnrù) |
| 68 | 등록 | 注册 | zhùcè | |
| 69 | 보안 | 安全性 | ānquánxìng | |
| 70 | 스팸 메일 | 垃圾邮件 | lājīyóujiàn | |
| 71 | 새 메시지 | 新邮件 | xīnyóujiàn | |
| 72 | 보내기 및 받기 | 发送 / 接收 | fāsòng/jiēshōu | |
| 73 | 로컬 폴더 | 本地 | běndì | |
| 74 | 받은 편지함 | 收件箱 | shōujiànxiāng | |
| 75 | 보낼 편지함 | 发件箱 | fājiànxiāng | |
| 76 | 보낸 편지함 | 已发送邮件 | yǐfāsòng yóujiàn | |
| 77 | 지운 편지함 | 已删除邮件 | yǐshānchú yóujiàn | |
| 78 | 임시 보관함 | 草稿 | cǎogǎo | |

| 79 | 뉴스 그룹 | 新闻组 | xīnwénzǔ | |
|---|---|---|---|---|
| 80 | 컴퓨터바이러스 | 电脑病毒 | diànnǎo bìngdú | |
| 81 | 온라인 | 电脑联网 | diànnǎo liánwǎng | |
| 82 | 채팅 | 网聊 | wǎngliáo | |
| 83 | 인터넷쇼핑 | 电子购物 | diànzǐgòuwù | |
| 84 | 해커 | 黑客 | hēikè | |
| 85 | 업그레이드 | 升级 | shēngjí | |

# [부록7] 세계 주요 국가 이름(国家名)

| 번호 | 한 글 | 중국어 | 병 음 | 비 고 |
|---|---|---|---|---|
| 1 | 가나 | 加纳 | Jiānà | |
| 2 | 가봉 | 加蓬 | Jiāpéng | |
| 3 | 과테말라 | 危地马拉 | Wēidìmǎlā | |
| 4 | 괌 | 关岛 | Guāndǎo | |
| 5 | 그리스 | 希腊 | Xīlà | |
| 6 | 나이지리아 | 尼日利亚 | Nírìlìyà | |
| 7 | 남아프리카공화국 | 南非 | Nánfēi | |
| 8 | 네덜란드 | 荷兰 | Hélán | |
| 9 | 네팔 | 尼泊尔 | Níbóér | |
| 10 | 노르웨이 | 挪威 | Nuówēi | |
| 11 | 뉴질랜드 | 新西兰 | Xīnxīlán | |
| 12 | 니카라과 | 尼加拉瓜 | Níjiālāguā | |
| 13 | 대만 | 臺湾 | Táiwān | |
| 14 | 덴마크 | 丹麦 | Dānmài | |
| 15 | 도미니카 | 多米尼加 | Duōmǐníjiā | |
| 16 | 독일 | 德国 | Déguó | |
| 17 | 라오스 | 老挝(寮国) | Liáoguó | |
| 18 | 러시아 | 俄罗斯 | Eluósī | |
| 19 | 레바논 | 黎巴嫩 | Líbānèn | |
| 20 | 루마니아 | 罗马尼亚 | Luómǎníyà | |
| 21 | 룩셈부르크 | 盧森堡 | Lúsēnbǎo | |

| 22 | 르완다 | 卢旺达 | Lúwàngdá | |
|---|---|---|---|---|
| 23 | 리비아 | 利比亚 | Lìbǐyà | |
| 24 | 말레이시아 | 马来西亚 | Mǎláixīyà | |
| 25 | 멕시코 | 墨西哥 | Mòxīgē | |
| 26 | 모로코 | 摩洛哥 | Móluògē | |
| 27 | 몽고 | 蒙古 | Ménggǔ | |
| 28 | 미국 | 美国 | Měiguó | |
| 29 | 바티칸 | 梵蒂冈 | Fàndìgāng | |
| 30 | 방글라데시 | 孟加拉 | Mèngjiālā | |
| 31 | 버마 | 缅甸 | Miǎndiàn | |
| 32 | 베네수엘라 | 委内瑞拉 | Wěinèiruìlā | |
| 33 | 베트남 | 越南 | Yuènán | |
| 34 | 벨기에 | 比利时 | Bǐlìshí | |
| 35 | 볼리비아 | 玻利维亚 | Bōlìwéiyà | |
| 36 | 불가리아 | 保加利亚 | Bǎojiālìyà | |
| 37 | 브라질 | 巴西 | Bāxī | |
| 38 | 사우디아라비아 | 沙特阿拉伯 | Shātèālābó | |
| 39 | 소련 | 苏联 | Sūlián | |
| 40 | 소말리아 | 索马里 | Suǒmǎlǐ | |
| 41 | 수단 | 苏丹 | Sūdān | |
| 42 | 스리랑카 | 斯里兰卡 | Sīlǐlánkǎ | |
| 43 | 스웨덴 | 瑞典 | Ruìdiǎn | |
| 44 | 스위스 | 瑞士 | Ruìshì | |
| 45 | 스페인 | 西班牙 | Xībānyá | |

| 46 | 시리아 | 叙利亚 | Xùlìyà | |
|---|---|---|---|---|
| 47 | 실론 | 锡兰 | Xīlán | |
| 48 | 싱가포르 | 新加坡 | Xīnjiāpō | |
| 49 | 아르헨티나 | 阿根廷 | Āgēntíng | |
| 50 | 아이슬란드 | 冰岛 | Bīngdǎo | |
| 51 | 아일랜드 | 爱尔兰 | Ài'ěrlán | |
| 52 | 아프가니스탄 | 阿富汗 | Āfùhán | |
| 53 | 알바니아 | 阿尔巴尼亚 | Ā'érbāníyà | |
| 54 | 알제리 | 阿尔及利亚 | Ā'ěrjílìyà | |
| 55 | 에이레 | 爱尔兰 | Ài'ěrlán | |
| 56 | 에콰도르 | 厄瓜多尔 | Èguāduōěr | |
| 57 | 엘살바도르 | 萨尔瓦多 | Sāěrwǎduō | |
| 58 | 에디오피아 | 埃塞俄比亚 | Āisāi'ébǐyà | |
| 59 | 영국 | 英国 | Yīngguó | |
| 60 | 오스트레일리아 | 澳大利亚 | Àodàlìyà | |
| 61 | 오스트리아 | 澳地利 | Àodàlì | |
| 62 | 요르단 | 约旦 | Yuēdàn | |
| 63 | 우간다 | 乌干达 | Wūgāndá | |
| 64 | 우루과이 | 乌拉圭 | Wūlāguī | |
| 65 | 우크라이나 | 乌克兰 | Wūkèlán | |
| 66 | 유고슬라비아 | 南斯拉夫 | Nánsīlāfū | |
| 67 | 이디오피아 | 阿比西尼亚 | Ābǐxīníyà | |
| 68 | 이라크 | 伊拉克 | Yīlākè | |
| 69 | 이란 | 伊朗 | Yīlǎng | |

| 70 | 이스라엘 | 以色列 | Yǐsèliè | |
|---|---|---|---|---|
| 71 | 이집트 | 埃及 | Āijí | |
| 72 | 이탈리아 | 意大利 | Yìdàlì | |
| 73 | 인도 | 印度 | Yìndù | |
| 74 | 인도네시아 | 印度尼西亚 | Yìndùníxīyà | |
| 75 | 일본 | 日本 | Rìběn | |
| 76 | 자메이카 | 牙买加 | Yámǎijiā | |
| 77 | 중국 | 中国 | Zhōngguó | |
| 78 | 중앙아프리카 | 中非 | Zhōngfēi | |
| 79 | 체코 | 捷克 | Jiékè | |
| 80 | 칠레 | 智利 | Zhìlì | |
| 81 | 카타르 | 卡塔尔 | Kǎtǎ'ěr | |
| 82 | 캄보디아 | 柬埔寨 | Jiǎnpǔzhài | |
| 83 | 캐나다 | 加拿大 | Jiānádà | |
| 84 | 케냐 | 肯亚 | Kěnyà | |
| 85 | 콜롬비아 | 哥倫比亚 | Gēlúnbǐyà | |
| 86 | 콩고 | 刚果 | Gāngguǒ | |
| 87 | 쿠바 | 古巴 | Gǔbā | |
| 88 | 쿠웨이트 | 科威特 | Kēwēitè | |
| 89 | 크로아티아 | 克罗埃西亚 | Kèluó'āixīyà | |
| 90 | 탄자니아 | 坦桑尼亚 | Tǎnsāngníyà | |
| 91 | 태국 | 泰国 | Tàiguó | |
| 92 | 터키 | 土耳其 | Tǔ'ěrqí | |
| 93 | 튀니지 | 突尼斯 | Tūnísī | |

| | | | | |
|---|---|---|---|---|
| 94 | 파나마 | 巴拿马 | Bānámǎ | |
| 95 | 파라과이 | 巴拉圭 | Bālāguī | |
| 96 | 파키스탄 | 巴基斯坦 | Bājīsītǎn | |
| 97 | 파푸아뉴기니 | 巴布亚新几内亚 | Bābùyàxīnjǐnèiyà | |
| 98 | 페루 | 秘鲁 | Bìlǔ | |
| 99 | 포르투갈 | 葡萄牙 | Pútáoyá | |
| 100 | 폴란드 | 波兰 | Bōlán | |
| 101 | 푸에르토리코 | 波多黍各 | Bōduōshǔgè | |
| 102 | 프랑스 | 法国 | Fǎguó | |
| 103 | 피지 | 裴济 | Fěijí | |
| 104 | 핀란드 | 芬兰 | Fēnlán | |
| 105 | 필리핀 | 非律宾 | Fēilǜbīn | |
| 106 | 헝가리 | 匈牙利 | Xiōngyálì | |

# [부록8] 자주 쓰이는 사자성어(常用四字成语)

| 번호 | 사자성어 | 병음 | 의미 |
|---|---|---|---|
| 1 | 爱屋及乌 | Ài wū jí wū | (직) 사람을 좋아하면 그 집 지붕 위의 까마귀까지도 좋아하게 된다.<br>(의) 색시가 고우면 처가 집 말뚝보고 절을 한다. |
| 2 | 安步当车 | Ān bù dāng chē | (직) 편안하게 천천히 걷는 것을 차를 타고 가는 것이라 여김.<br>(의) 차를 타는 대신 천천히 걸어가다. |
| 3 | 按兵不动 | Àn bīng bú dòng | (직) 군사 행동을 잠시 중지하고 기회를 엿보다.<br>(의) 기회를 엿보며 행동을 자제하다. |
| 4 | 安居乐业 | Ān jū lè yè | 편안하게 살면서 즐겁게 일하다. |
| 5 | 安然无恙 | Ān rán wú yàng | 편안하고 별 탈 없이 지내다. |
| 6 | 八面威风 | Bá miàn wēi fēng | 위풍당당, 기세가 주위를 압도하는 모양 |
| 7 | 拔苗助长 | Bá miáo zhù zhǎng | (직) 벼의 싹을 뽑아 올려 성장을 돕다.<br>(의) 급히 서둘다가 일을 그르치다. |
| 8 | 拔帜易帜 | Bá zhì yì zhì | (직) 적의 깃발을 뽑아 자신의 깃발로 바꾸다.<br>(의) 전쟁에서 승리하다. |
| 9 | 百步穿杨 | Bǎi bù chuān yáng | (직) 백 보 거리에서 버들잎을 맞추다.<br>(의) 사격술이 매우 뛰어나다(백발백중). |
| 10 | 百川归海 | Bǎi chuān guī hǎi | (직) 모든 하천이 바다로 흘러 들어가다.<br>(의) 민심의 향방이나 대세의 흐름이 한 곳으로 귀착하다. |
| 11 | 百发百中 | Bǎi fā bǎi zhòng | 백발백중(百步穿杨) |
| 12 | 百闻不如一见 | Bǎi wén bù rú yí jiàn | 백 번 듣는 것이 한 번 보는 것만 못하다. |

| | | | |
|---|---|---|---|
| 13 | 百尺竿头 | Bǎi chǐ gān tóu | (직) 매우 높은 장대의 끝<br>(의) 막다른 위험에 빠지다. 학문이나 사업 등의 높은 성취도를 비유 |
| 14 | 班门弄斧 | Bān mén nòng fǔ | 공자 앞에서 문자 쓴다. |
| 15 | 半途而废 | Bàn tú ér fèi | 일을 중간에서 포기하다. |
| 16 | 背水一战 | Bèi shuǐ yí zhàn | 적과의 불리한 상황에서 배수진(背水陣)을 치고 최후의 일전을 준비하다. |
| 17 | 宾至如归 | Bīn zhì rú guī | 접대가 훌륭해서 집으로 돌아온 것처럼 마음을 편안히 느끼게 하다. |
| 18 | 沧海桑田 | Cāng hǎi sāng tián | (직) 바다가 변하여 뽕나무 밭이 되다.<br>(의) 세상의 변천이 몹시 변하다. |
| 19 | 车水马龙 | Chē shuǐ mǎ lóng | (직) 차가 물처럼 흐르고 말이 용처럼 길게 늘어지다.<br>(의) 차량, 인력 등이 그칠 사이 없이 많은 왕래가 있음을 비유. |
| 20 | 春风得意 | Chūn fēng dé yì | 모든 일이 순풍에 돛을 단 것처럼 순조롭게 잘 풀리다. |
| 21 | 打草惊蛇 | Dǎ cǎo jīng shé | (직) 풀을 베어서 뱀을 놀라게 하다.<br>(의) 경솔한 행동으로 계획이나 책략 등이 상대방에게 노출되다. |
| 22 | 得意忘形 | Dé yì wàng xíng | (직) 뜻한 바를 얻은 후 자신을 잊다.<br>(의) 자만하여 자신의 처지를 잊다. |
| 23 | 滴水穿石 | Dī shuǐ chuān shí | (직) 물방울 하나가 바위를 뚫는다.<br>(의) 작은 힘이라도 끈기 있게 계속해 나가면 성공할 수 있다. |
| 24 | 多多益善 | Duō duō yì shàn | 다다익선. 많으면 많을수록 좋다. |
| 25 | 对牛弹琴 | Duì niú tán qín | (직) 쇠귀에 대고 거문고를 연주하다.<br>(의) 어떤 일에 대한 이해가 부족한 사람에게 도리를 이야기하다. |

| 26 | 废寝忘食 | Fè qǐn wàng shí | (직) 잠을 자지 않고 먹는 것을 잊다.<br>(의) 어떤 일에 전심전력하다. |
|---|---|---|---|
| 27 | 改过自新 | Gǎi guò zì xīn | 잘못을 고쳐 스스로 새로운 사람이 되다. |
| 28 | 管鲍之交 | Guǎn bào zhī jiāo | (직) 관중(管仲)과 포숙아(鮑叔牙)의 교제<br>(의) 아주 친한 친구 사이 |
| 29 | 刮目相待 | Guā mù xiāng dài | (직) 새로운 시선으로 눈을 비비고 다시 보다.<br>(의) 새로운 안목으로 대하다. |
| 30 | 鹤立鸡群 | Hè lì jī qún | (직) 닭의 무리 속에 학이 서다.<br>(의) 한 사람의 재능이 여러 사람들 속에서 뛰어나게 보이다. 군계일학 |
| 31 | 壶中天地 | Hú zhōng tiān dì | (직) 술 단지 안에 비친 천하<br>(의) 도가(道家)에서 말하는 선경(仙境). 탈속(脫俗)의 경지를 일컬음. |
| 32 | 画龙点睛 | Huà lóng diǎn jīng | (직) 용의 그림에 눈을 그려넣다.<br>(의) 무슨 일을 함에 가장 요긴한 부분을 끝내어 전체를 생동적이고 두드러지게 함. |
| 33 | 画蛇添足 | Huà shé tiān zú | (직) 뱀의 그림에 발을 더하다.<br>(의) 사족을 더하다(쓸데없는 짓을 함). |
| 34 | 见利忘义 | Jiàn lì wàng yì | (직) 이로운 것을 보면 도의를 잊다.<br>(의) 사리사욕에 눈이 멀다. |
| 35 | 箭在弦上 | Jiàn zài xián shàng | (직) 화살이 이미 시위에 걸리다.<br>(의) 일의 형세가 이미 그만두지 못하는 상황에 이르다. |
| 36 | 渐入佳境 | Jiàn rù jiá jìng | (직) 점점 아름다운 경지로 들어가다.<br>(의) 상황이 점점 호전됨(점입가경). |
| 37 | 卷土重来 | Juǎn tǔ chóng lái | (직) 먼지나 흙을 털어내고 다시 달리다.<br>(의) 실패 후에 재기의 노력을 다짐하다. 권토중래하다. |
| 38 | 开天辟地 | Kāi tiān pì dì | (직) 하늘과 땅을 처음으로 열다.<br>(의) 유사이래. 천지개벽. |

| 39 | 刻舟求剑 | Kè zhōu qiú jiàn | (직) 배 위에다가 칼을 떨어뜨린 곳을 표시하다.<br>(의) 융통성이 없어서 사태의 변화를 모르다. |
|---|---|---|---|
| 40 | 空中樓阁 | Kōng zhōng lóu gé | (직) 공중에 세운 누각<br>(의) 현실과 동떨어진 환상이나 이론 따위를 비유. |
| 41 | 梁上君子 | Liáng shàng jūn zǐ | (직) 대들보 위의 군자<br>(의) 도둑(양상군자). 사상적으로 태도를 결정하지 못하는 모호한 사람. |
| 42 | 流言蜚语 | Liú yán fēi yǔ | 근거 없는 소문. 유언비어. |
| 43 | 論功行赏 | Lùn gōng xíng shǎng | (직) 공로가 많고 적음을 따져 상을 주다.<br>(의) 논공행상(하다). |
| 44 | 门庭若市 | Mén tíng ruò shì | (직) 문 입구와 정원이 시장과 같다.<br>(의) 방문객이 매우 많음. 문전성시 |
| 45 | 明哲保身 | Míng zhé bǎo shēn | (직) 철학에 밝지만 몸을 보호하다.<br>(의) 자신의 이익에 손해될 것이 두려워 원칙적인 문제에 가부를 표시하지 않는 태도를 일컬음. 명철보신하다. |
| 46 | 南柯一梦 | Nán kē yí mèng | (직) 남가에서 태수를 하는 꿈을 꾸다.<br>(의) 남가일몽. 꿈처럼 헛된 한때의 부귀와 영화. |
| 47 | 难兄难弟 | Nàn xiōng nàn dì | 난형난제. 막상막하. |
| 48 | 怒发冲冠 | Nù fà chōng guàn | (직) 화의 기운이 머리를 세우다.<br>(의) 화가 머리끝까지 치밀어 오름. |
| 49 | 鹏程万里 | Péng chéng wàn lǐ | 전도가 양양하다. 장래가 유망하다. |
| 50 | 匹夫之勇 | Pǐ fū zhī yǒng | (직) 마부의 용기<br>(의) 지모(智謀)가 없이 개인의 혈기에만 의지하는 작은 용기 |
| 51 | 起死回生 | Qǐ sǐ huí shēng | (직) 죽음에서 일어나 살아 돌아오다.<br>(의) 궁지에서 상황이 반전됨(기사회생). |

| 52 | 千变万化 | Qiān biàn wàn huà | 끊임없이 변화하다. 변화무궁하다. |
|---|---|---|---|
| 53 | 青出于蓝 | Qīng chū yú lán | (직) 쪽에서 나온 푸른 물감이 쪽보다 더 푸르다.<br>(의) 제자가 스승보다 더 낫다. |
| 54 | 求之不得 | Qiú zhī bù dé | (직) 찾으려 해도 찾을 수 없다.<br>(의) 매우 얻기 어려운 기회. |
| 55 | 人杰地灵 | Rén jié dì líng | 걸출한 인물은 영험한 땅에서 난다. |
| 56 | 如鱼得水 | Rú yú dé shuǐ | (직) 고기가 물을 만난 듯하다.<br>(의) 자신에게 매우 적합한 환경을 얻다. |
| 57 | 三顾茅庐 | Sān gù máo lú | (직) 세 번을 찾아가서 겨우 만나다.<br>(의) 삼고초려. 간절히 거듭 요청하다. |
| 58 | 三迁之教 | Sān qiān zhī jiào | (직) 세 번 옮겨 가르침.<br>(의) 교육 환경의 중요성을 일컬음. |
| 59 | 杀身成仁 | Shā shēn chéng rén | 정의나 숭고한 이상을 위해 목숨을 바치다. 살신성인하다. |
| 60 | 神机妙算 | Shēn jī miào suàn | 신묘한 지략과 기묘한 계책. |
| 61 | 声东击西 | Shēng dōng jī xī | (직) 동쪽에서 소리를 내고 서쪽을 치다.<br>(의) 기계(奇計)로써 적의 허를 찌름. |
| 62 | 势如破竹 | Shì rú pò zhú | 향하는 곳마다 대적할 자가 없음. 파죽지세. |
| 63 | 世外桃源 | Shì wài táo yuán | (직) 속된 세상 밖의 무릉도원.<br>(의) 별천지. 은거하는 곳. |
| 64 | 四分五裂 | Sì fēn wǔ liè | 분열되어 단결되어 있지 않음. 사분오열되다. |
| 65 | 四面楚歌 | Sì miàn chǔ gē | (직) 사방에서 초나라 병사의 노래가 들리다.<br>(의) 완전히 포위되어 나아갈 곳이 없음. |
| 66 | 贪小失大 | Tān xiǎo shī dà | (직) 적게 탐내고 크게 잃다.<br>(의) 작은 이익을 탐내다가 큰 이익을 잃게 됨을 비유. |

| 67 | 螳臂挡车 | Táng bèi dǎng chē | (직) 사마귀가 앞발을 들어 수레를 막다.<br>(의) 자기분수를 모르고 무모하게 덤벼들다. 하룻강아지 범 무서운 줄 모르다. |
|---|---|---|---|
| 68 | 螳螂捕蝉 | Táng láng bǔ chán | (직) 사마귀가 매미를 잡다.<br>(의) 螳螂捕蝉, 黄雀在后(사마귀가 매미를 잡으니 참새가 뒤에서 기다리고 있다)가 원래의 뜻임. 욕심을 탐하여 뒤에 올 위험을 돌아보지 않음을 비유. |
| 69 | 天罗地网 | Tiān luó dì wǎng | (직) 하늘과 땅에 그물을 놓다.<br>(의) 물샐틈없는 경계망과 수사망을 펴다. |
| 70 | 天真烂漫 | Tiān zhēn làn màn | 구김살 없이 천진난만하다. |
| 71 | 同甘共苦 | Tóng gān gòng kǔ | (직) 함께 즐겁고 함께 괴로워하다.<br>(의) 동고동락하다. 어려움과 즐거움을 함께 나누다. |
| 72 | 土崩瓦解 | Tǔ bēng wǎ jiě | (직) 흙이 무너지고 기와가 해체되다.<br>(의) 사물이 산산이 부서져 내리다. |
| 73 | 玩火自焚 | Wán huǒ zì fén | (직) 불을 가지고 놀다가 자신이 불에 타다.<br>(의) 제가 지른 불에 제가 타죽다. 자업자득이다. |
| 74 | 万死不辞 | Wàn sǐ bù cí | 만 번의 죽음도 불사하다. |
| 75 | 亡羊补牢 | Wáng yáng bǔ láo | 소 잃고 외양간 고치다. |
| 76 | 惘然若失 | Wǎng rǎn ruò shī | 실의에 빠져 정신이 멍한 모양. 망연자실하다. |
| 77 | 危如累卵 | Wēi rú lěi luǎn | (직) 쌓아 올린 계란과 같이 몹시 위험하다.<br>(의) 형세가 몹시 위험하다. |
| 78 | 韦编三绝 | Wéi biān sān jué | (직) 가죽 끈이 세 번 끊어지다.<br>(의) 열심히 독서(공부)하다. |
| 79 | 畏首畏尾 | Wèi shǒu wèi wěi | (직) 머리도 두렵고 꼬리도 무섭다.<br>(의) 이것저것 걱정이 많다. 소극적이다. |

| | | | |
|---|---|---|---|
| 80 | 卧薪尝胆 | Wò xīn cháng dǎn | (직) 장작더미를 베고 누워 어려움을 맛보다.<br>(의) 현실에 좌절하지 않고 열심히 노력하여 미래를 도모함. 와신상담. |
| 81 | 无可奈何 | Wú kě nài hé | 어찌할 도리가 없다. 방법이 없다. |
| 82 | 吴越同舟 | Wú yuè tóng zhōu | (직) 오나라 사람과 월나라 사람이 한 배를 타다.<br>(의) 원수지간이라도 같은 운명에 처하면 서로 돕고 협력한다. |
| 83 | 物以类聚 | Wù yǐ lèi jù | (직) 사물은 같은 종류로 뭉친다.<br>(의) 주로 나쁜 사람들이 끼리끼리 한데 어울리는 것을 뜻함. |
| 84 | 笑里藏刀 | Xiào lǐ cáng dāo | (직) 웃음 속에 칼을 감추다.<br>(의) 겉으로는 웃으면서 속으로는 해칠 생각을 하다. |
| 85 | 雪中送炭 | Xuě zhōng sòng tàn | (직) 눈 속에 석탄을 보내다.<br>(의) 다른 사람이 급할 때 도움을 주다. |
| 86 | 扬扬得意 | Yáng yáng dé yì | 득의양양하다. 의기양양하다. |
| 87 | 一饭千金 | Yí fàn qiān jīn | (직) 한 끼 식사에 천금을 주다.<br>(의) 조그마한 은혜에 후히 보답하다. |
| 88 | 一箭双雕 | Yí jiàn shuāng diāo | (직) 한 개의 화살로 두 개를 얻다.<br>(의) 일석이조. 일거양득 |
| 89 | 以卵击石 | Yǐ luǎn jī shí | (직) 계란으로 바위를 공격하다.<br>(의) 자기의 힘에 맞지 않는 무리한 일. |
| 90 | 有备无患 | Yǒu bèi wú huàn | 사전에 준비하면 우환이 없다. 유비무환. |
| 91 | 有名无实 | Yǒu míng wú shí | 유명무실. 이름만 있고 실질은 없다. |
| 92 | 有志者事意成 | Yǒu zhì zhe shi yì chéng | 뜻만 있으면 일은 반드시 성취된다. |
| 93 | 愚公移山 | Yú gōng yí shān | (직) 우공이 산을 옮기다.<br>(의) 어려움을 무릅쓰고 마음만 먹으면 못 해낼 일이 없다. |

| 94 | 缘木求鱼 | Yuán mù qiú yú | (직) 나무에 올라 물고기를 구하다.<br>(의) 불가능한 일을 하려고 하다. 연목구어. |
|---|---|---|---|
| 95 | 朝三暮四 | Zhāo sān mù sì | (직) 아침에 세 개가 저녁에는 네 개가 되다.<br>(의) 간사한 꾀로 남을 속이다. 변덕스럽다. |

## 저자 소개

### 신문권


- 중국 상하이 화동사범대학교 중문과 박사 수료
- 중국 상하이 복단대학교 중문과 석사 졸업
- 현 _ 상해한국상회(한국인회) 교육분과위원장
  학교법인 상해한국학교 법인사무국 국장
  중국 화동지역 해외초중고교 한국어채택사업 팀장
  상하이시 공상외국어학교 한국어 전임강사
  상하이 한국문화원 세종학당 한국어 강사


### 신영대


- 부산대학교 일반대학원 중어중문학과 문학박사
- 제주대학교 일반대학원 중어중문학과 문학석사
- 현 _ 제주관광대학교 관광중국어계열 교수
  제주관광대학교 한국어학당 원장


〈주요 저서〉
- 「카지노 중국어」, 백산출판사, 2003
- 「배우기 쉬운 카지노 중국어」, 백산출판사, 2004
- 「생활 중국어」, 형설출판사, 2006
- 「흰 구름 벗을 삼아 읽어보는 당시선」, 백산출판사, 2009
- 「명리학 원리대전」, 백산출판사, 2003
- 「풍수지리학 원리」, 경덕출판사, 2004
- 「제주의 오름과 풍수」, 백산출판사, 2009
- 「질환별 동의보감」, 아트하우스출판사, 2013

## 언어로 이해하는 중국문화(Ⅰ)


2013년 9월 10일 초판 1쇄 발행
2020년 1월 10일 초판 3쇄 발행

**지은이** 신문권 · 신영대
**펴낸이** 진욱상
**펴낸곳** 백산출판사
**교 정** 편집부
**본문디자인** 편집부
**표지디자인** 오정은

저자와의 합의하에 인지첩부 생략

**등 록** 1974년 1월 9일 제406-1974-000001호
**주 소** 경기도 파주시 회동길 370(백산빌딩 3층)
**전 화** 02-914-1621(代)
**팩 스** 031-955-9911
**이메일** edit@ibaeksan.kr
**홈페이지** www.ibaeksan.kr

ISBN 978-89-6183-774-3
**값 15,000원**